俗語名言的智慧

張詠華．陳福智◎著

好讀出版

序

語言是表現情感和思想的工具，透過語言我們可以得知一個人、一個朝代，乃至於一個民族的價值觀。在諸多的語言類型中，有一種稱爲「俗語」。所謂的「俗」，指的是語言來自民間；換句話說，民間通俗的諺語我們稱其俗語。先民在活動過程中，將思想情感藉由俗語表現出來，因此俗語可說是先民日常生活的產物。

在我們生活周遭，相信聽過不少俗語，例如「畫虎畫皮難畫骨，知人知面不知心」、「萬事俱備，只欠東風」、「說到曹操，曹操就到」、「不孝有三，無後爲大」、「閒時不燒香，急時抱佛腳」、「萬般都是命，半點不由人」，這些俗語經過代代相傳，通過長期的累積與共同的認知，逐漸形成一種普遍認同的語辭，變成了一般民眾的通俗習慣用語，這些語言包含了多少先民的智慧。舉例來說，「出門看天色，進門看眼色」雖然僅是簡單的十個字，句中卻顯示先民對世態炎涼以及人情冷暖的感傷，並告知後代子孫要懂得察言觀色才是上策；又如「大難不死，必有後福」一詞，這八個字傳遞了先民樂觀、開朗的人生哲學。上述僅是簡單舉出兩例，藉此說明俗語所包含的智慧，由此可知，俗語雖然是先民所累積而成的語言，適用性卻不限於「知識範疇」，若懂得吸收和運用，這些俗語的智慧更能成爲生活的指導手冊和方針，讓人的處世哲學更加圓融無礙。

筆者就是在這樣的想法下，參與了這本俗語智慧的編撰，希望透過慣用俗語察覺人生的智慧和哲學，給予讀者新的閱讀感受。眞誠希望這本書能帶領各位品味各種人生百態，增進個人的思想。當然解釋若有任何不妥之處，也歡迎來信指教。

陳福智　2006/07/29

目錄

CONTENTS

1 人生體會篇

2 倫理人情篇

3 處世交友篇

4 社會歷練篇

5 修身養性篇

6 成功借鑑篇

Part1
▸▸ 人生體會篇

1 山重水複疑無路，柳暗花明又一村

——（宋）陸遊《遊山西村》

【語譯】山巒重疊，流水迴繞，正猜測著前方是否已無路可行時，忽見綠柳成蔭，繁花似錦的美景，眼前又出現了一座村莊。此句常用以比喻在曲折艱辛之後，忽然絕處逢生，出現轉機。

《遊山西村》這首詩作於陸遊四十三歲，初次罷官回鄉後的第二年春天。在詩中陸遊並沒有表現出宦途失意的悲觀情緒，而是在風光秀麗的自然田園裡表現出怡然自得的態度。這句詩原是寫景，描述詩人在山水之間，懷疑眼前已經無路可走時，忽然豁然開朗，前頭又出現了一個村莊。演變到後來，這句話逐漸用來比喻在工作或生活上遇到困難挫折，正當走投無路的時候，忽然形勢驟變，前途豁然開朗。

幾乎每個人在人生旅途中，都會碰到這種情況。比如高考失利、辛苦創立的公司破產、多年穩固的婚姻觸礁……等等，缺乏信心的人可能一下子失去了理想和目標，甚至一蹶不振，自暴自棄。只有信念堅定的人，才能堅持下去，繼續尋找機會。其實，很多時候，只要再堅持一下，捱過了這一關，就能發現另一片新天地。扭轉乾坤的機運，永遠只發生在不輕言放棄的人的身上。因此，任何時候都要看向生命的光明面。「行到水窮處，坐看雲起時」，看似無路的處境，其實正是提醒我們換個角度，得失的轉變即在一念之間。

智慧小語

人生的窮途，往往也是另一個新的起點；只要抱持著信心，堅持到最後，上天必定會有所安排。

2 塞翁失馬，安知非福

——（漢）劉安《淮南子・人間訓》

古時靠近邊塞的地方，住著一位老翁。有一次，老翁家的一匹馬，無緣無故掙脫韁繩，跑入胡人居住的地方去了。鄰居都來安慰他，他平靜地說：「這件事難道不是福嗎？」幾個月後，那匹丟失的馬突然跑回來，還帶著一匹胡人的駿馬。鄰居們得知，都前來向他祝賀。老翁坦然道：「這樣的事，難道不是禍嗎？」後來又有一天，老翁的兒子騎馬到野外練習騎射，烈馬脫韁，他兒子摔了下來，折了大腿，成了終身殘疾。鄰居們聽說後，紛紛前來慰問。老翁依然不動聲色道：「這件事難道不是福嗎？」隔年，胡人侵犯邊境，鄉里的精壯男子都被徵召入伍，唯獨老翁的兒子因跛腳，不必去打仗，父子因此得以保全性命。所以老子說：「禍兮福之所倚，福兮禍之所伏」，福可以轉化爲禍，禍也可變化成福。這種變化深不可測，誰也難以預料。

凡事皆有利也有弊。我們不能用過於樂觀的心態看事物或問題，因爲其中可能潛藏著危機；但我們也無需用過於悲觀的心態看待世事，因爲其中可能孕育著轉機或希望。對待變化莫測的世界，我們只需抱持著平常心，「不以物喜，不以己悲」，這樣才能清楚地透析一切。比如不幸被公司裁撤的員工，其實「此地不留爺，自有留爺處」，既然有一技在身，還怕找不到工作？假如大家都能像塞翁那樣超脫，心境必定豁達，目光也會更加敏銳。

智慧小語

凡事沒有絕對，必有其一體兩面；好與壞，對與錯總是如影隨形，保持一顆平常心，遇事往好處想，人生，便也沒什麼難處了。

3 尺有所短，寸有所長

——（戰國）屈原〈卜居〉

這句話出自〈卜居〉，文中提到某次屈原向掌管卜卦的鄭詹尹問卦，但鄭詹尹發現其卦無解，便回答：「夫尺有所短，寸有所長；物有所不足，智有所不明；數有所不逮，神有所不通。」意思是事物各有其長處和短處，卜筮之術也非無所不能。尺和寸都是丈量單位，雖然尺比寸長，但是量短的物體時，用尺就不精確；而量長的物體時，用寸又太麻煩。所以說事物各有所長，看似強大的工具，有時可能還不如精巧的小工具。

同樣地，再偉大的人也有缺點，再卑微的人也有其長處。人畢竟不是工具，只能被動的爲人所用，每個人都應該主動認識自己的優缺點，發現自己適合的領域。任何人都不該妄自菲薄，相信自己，總有一些事情自己會做得比別人都好。

智慧小語

人人都可以是王永慶，做自己擅長的，小螺絲也有無可取代的價值。

4 先甜不是甜，後苦才是苦

甜就是甜，苦就是苦，哪有「先甜不是甜，後苦才是苦」的話？其實，俗語的重點在於「先、後」兩字。試想，當事情發展之初一路順遂，此時猶如嚐到甜美的果實；後來發現果實只有表面是甜的，接著才是苦的開始，最後也以悲劇收場。這類情況就是俗語所指。

事實上，一般人常常會因爲事情太過順遂而得意忘形，以爲得到幸運之神的眷顧，也就逐漸忘了謹愼爲步。古人的俗語警惕世人別得意忘形，可說苦口婆心，但不知有多少人眞正聽得進去？

智慧小語

根據佛家的思想，人生的本質是苦，甜僅是相對於苦的愉悅，並非眞實，這樣的想法或許過於悲觀，卻可以作爲行事的基準，事情未完成前，別嚐到一些甜味就沾沾自喜，小心樂極生悲，嚐過甜後的苦可是要更苦的。

5 亡羊補牢，未爲遲也

——《戰國策・楚策四》

此句的全文爲「見兔而顧犬，未爲晚也；亡羊而補牢，未爲遲也。」戰國時，楚襄王驕奢淫逸，不理朝政，寵倖佞臣。大臣莊辛直諫，說這樣下去楚國有亡國的危險。襄王聽不進忠言，於是莊辛避居趙國。果然，不到五個月，秦國就攻佔了楚國大片國土。楚襄王趕緊派人召回莊辛，向莊辛問計。莊辛就說了上面的話。他趁機勸諫襄王勵精圖治。後來，襄王聽從了莊辛的建議，收復了疆土。

除此之外，這個俗語還有一個典故，說的是一個牧羊人養了幾十隻羊，一天早上，他去放羊的時候發現羊少了一隻，一檢查發現原來是羊圈破了個洞，晚上狼就從破洞中鑽進來，把羊叼走。鄰居勸他趕緊把羊圈修一修，但他卻消極地認爲，羊已經丟了，還修羊圈做什麼，結果第二天又丟了一隻羊。他很後悔沒聽鄰居的勸告，立即把羊圈修好，從此再沒有丟過羊。然而，不論是哪一個典故都在比喻事情雖然已經出了差錯，但只要及時補救，還來得及。

英文中有句諺語說：「遲到總比不到好」。有遠見的人在禍患還沒有發生時，就能看出端倪，防微杜漸，一般人雖然沒有這種本事，但也要謹記「不能在同一個地方跌兩次跤」這個道理，既然災害已經造成，我們就應該想辦法杜絕後患，把損失減到最小。

智慧小語

任何人都會犯錯，察覺之後，能馬上改正的人，才具有邁向成功的行動力；與其期望上天給予好運，不如動手創造命運。

6 金玉其外，敗絮其中

——（明）劉基〈賣柑者言〉

劉伯溫的寓言〈賣柑者言〉中講述了這樣一個故事：某天，他在街上碰到一個賣柑桔的小販，這個小販非常善於保存柑桔，即使存放一年，柑桔的外表還閃爍著金玉一般的光澤，價格也非常昂貴。然而，當他買回家剖開後，卻發現裡面已像爛棉絮一樣，根本不能吃。於是他回去找這個小販理論，小販便藉此諷諭當時的朝政，對朝中那些表面上威風凜凜、但骨子裡毫無才能的官僚們大大抨擊了一番。此後這句話便用來比喻事物空有華麗的外表，卻無實質的內涵。

現在市面上常常可以看見許多包裝精美華麗，價格不斐的商品，可是仔細檢查後便會發現品質粗劣，用了才發覺受騙上當。其實，會發生這樣的事情，消費者也有一定的責任。以一些食品爲例，正因爲消費者偏愛雪白的饅頭，商人就在麵粉裡添加漂白劑；「綠色」食品正流行，於是某些廠商就在山野菜裡加入硫酸銅、氧化鋅，以保持顏色的翠綠；甚至硫磺熏銀耳、色素染綠茶……這些危害人體健康的做法層出不窮，目的就是要讓商品有個好賣相，令消費者趨之若鶩，商家藉此便能提高價錢。要是我們買東西的時候重視品質勝於外表，就可以避免這類事件的發生。買東西如此，看人也一樣，過於看重人的外表，卻忽視人的內在品格，往往也會發生這種讓人大呼上當的情形。唯有穿透外表直視本質，才不會被表面的金玉所迷惑。

智慧小語

以前，被蟲咬得坑坑洞洞的農作物賣不了好價錢，因爲醜；現在，青菜若沒附加一兩隻菜蟲就表示農藥灑得多，令消費者不安。誰說「眼見爲憑」全可信了，除非人人練就透視功，否則光靠外在的美醜是不能斷定本質的好與壞的。

7 天要下雨，娘要嫁人

傳說古時候有個叫陳耀宗的書生，天資聰穎，飽讀詩書。一年，他進京趕考高中狀元。皇帝見他不僅才華橫溢，外貌也十分出色，就將他招為駙馬。陳耀宗衣錦還鄉之前，請求皇帝賜一塊貞潔牌坊給他的母親，表揚這位茹苦含辛撫養孩子成人的寡母，皇帝也答應了。回家後，陳耀宗跟母親提起貞潔牌坊的事，本來歡天喜地的母親突然神色不安起來，說出了自己想要改嫁的想法。陳耀宗一聽嚇得魂飛魄散，深怕背上欺君之罪，於是苦苦哀求母親打消這個念頭。他母親隨手解下身上穿的一件羅裙，對他說：「你替我把裙子洗了，一夜之間要是能晾乾，我就不改嫁；要是裙子不乾，那就是天意如此，你也不要阻擋了。」這一天本來晴空萬里，沒想到夜裡突然下起了傾盆大雨，晾在外面的裙子全濕透了。最後陳耀宗只得把這件事向皇帝奏明，請皇帝治罪。皇帝聽聞此事，連連稱奇，認為這必定是天作之合，也不追究了。

阻止不了的事情，只能由他去。我們做事情也要順應形勢，不能明知不能改變，還要去做螳臂擋車的事。同樣，當一件無可避免的事情發生之後，也要想開一點，豁達地接受，否則只有自尋煩惱。

智慧小語

凡事有人力可以改變的，凡事也有人力不能動搖的，一個人做事須懂得審時度勢，分得清「成事在天」與「事在人爲」的差別。

8 天外有天，人外有人

古希臘時期，出了很多有名的畫家。那時的人們認爲畫得越逼眞，技巧就越高超。當時有兩個畫家，彼此誰也不服誰，相約比個高下。比賽當天，很多人都來觀賽。第一個畫家首先拿著包袱走到廣場中央，從中拿出一幅畫，上頭畫著一個果籃，裡頭有一串晶瑩剔透的葡萄。這時候一隻鳥飛了下來啄畫上的葡萄，觀眾一看十分激動，拚命鼓掌。第二個畫家看到這一幕，顯得很沮喪，只見他也拿著包袱走到廣場中間，卻遲遲不肯把包袱打開。觀眾紛紛催促他打開包袱。他這時才舉起「包袱」，讓大家仔細看看他的作品。原來，他畫的就是一個包袱！

俗語說：「一山還有一山高，強中自有強中手。」即使是世界冠軍，也不能保證自己就是這一行最優秀的人。只有虛心能使人進步，驕傲則會使人落後。

智慧小語

成功的人落入失敗深淵，往往是因爲忘了結穗越多的稻子，稻稈越彎的道理。

9 一失足成千古恨，再回首已百年身

春秋時，吳越經常發生戰爭。後來吳王夫差大敗越王勾踐，把他困在會稽山。勾踐派文種去求和，吳王的寵臣收了厚禮，便拚命幫勾踐美言。伍子胥再三告誡吳王，表示如果現在不殺越王，必留後患。但吳王沉醉在勝利的喜悅中，再加上寵臣的花言巧語，最後只把越王押作人質。後來，勾踐便趁此機會臥薪嘗膽，使越國一天天強盛起來。十年後，吳國因連年征戰，元氣大傷，勾踐就抓住機會大敗吳軍，把吳王困在姑蘇山上。夫差這回也派人求和，勾踐卻回覆願意安排夫差當個百夫長。夫差聽後羞愧難當，最後自殺而死。

有的人剛愎自用，不聽別人勸告；還有的人只看眼前利益，沒有長遠的眼光，使自己失足慘敗，這些都是咎由自取的例子。世上的藥有無數種，唯獨沒有能治「後悔」的藥。

智慧小語

自信與自負僅一線之隔，成敗在一念之間，多接受他人的看法，以彌補自身的不足。

10 比上不足，比下有餘

舊時有人作了一首打油詩：「他人騎大馬，我獨騎驢子。回看擔柴漢，心下較些子。」這首詩就是「比上不足，比下有餘」這句俗語最好的注解。攀比之心人皆有之，小時候愛比誰的玩具好，誰的衣服好；上學時比誰的學校好，誰的成績好；上班了就比誰的公司好，誰的職務高，誰的房子大；年老了還要比誰的子女孝順，誰的晚年舒暢。人的一生就好像上了一條「比」的賊船，只能身不由己欲罷不能，就這樣在不自覺的攀比之中、在間或明白或糊塗中，走向生命的終點。

靜心想想，這些無休止的比較和追求對人生有多大價值？在這「比」的過程中，多少人認爲自己不如別人，甚至對生活失去信心？有多少人爲了追上別人，乃至抑鬱以終？其實即使比贏了，那表面的風光背後，卻蘊藏了難以想像的壓力和心理負荷；那虛榮底下，也隱藏著許多無法說予人聽的艱辛與酸楚。人生的目的難道就在於追逐比較後的快感，和體會居高臨下的愜意嗎？許多人在經歷了不爲人知的磨難，或者使用了種種不可告人的手段，而使夢想成眞後，反而感到無比的空虛和悵惘，覺得「不過如此而已」！還有人挖空心思、極盡所能，最後卻一無所得，只能捶胸頓足嘆道：「早知如此，何必當初！」人生就像一座天平，失與得就是天平的兩端，就在這不停的擺動之中找到了平衡，而關鍵就是要分得清：什麼該比，什麼不該比。該比的，一定要力爭上游。但也有很多事情是可望而不可求的，這時就該平心靜氣，腳踏實地，在淡泊中從容度過每一天，也不失爲一種快樂。

智慧小語

知足常樂。想想你的快樂與不快樂，想想你要的是什麼，在追求的過程中，要記得停下腳步，看看別人，問問自己，現在快不快樂？

11 少壯不努力，老大徒傷悲

——漢樂府〈長歌行三首〉之一

這句詩出自〈長歌行三首〉其中一首，是勸人珍惜年輕時的大好時光，勉人努力進取。人的一生，最好的時光就在青年時代，這也是學習和進取的大好時機，一旦錯過，這一生可能就會一事無成。

年輕人精力充沛，吸收新事物的能力非常強。若想將來事業上有所成功，就需要在年輕時多學習掌握各方面的知識，爲日後打下良好的基礎。然而年輕人心性未定，很容易受誘惑，沉迷於某些無益的娛樂，耗費大量時間和精力不能自拔。於是，寶貴的年少時光，就這樣被消耗掉了，實在是很遺憾的事情。人應該透過與書本對話來充實自己，滋潤心靈，若沉溺於無益的娛樂，等到時光不再，必空留感慨！

智慧小語

時間是最公平的。一天二十四小時，一年525600分鐘，你爲生命創造了些什麼？

⑫ 解鈴還須繫鈴人

——（宋）釋惠洪《林間錄》卷下

《林間錄》卷下記載，金陵清涼寺有一位泰欽法燈禪師，性格豪放，平日不太守佛門戒規，寺內的和尚都看不起他，唯獨法眼禪師對他非常器重。有一天，法眼在講經說法時，問寺內和尚說：「繫在老虎頸項上的金鈴，誰能解得下來？」無人能答得出來。這時，法燈恰好走過來，法眼問了他同樣的問題。法燈答道：「只有那個把金鈴繫到虎頸上的人，才能把金鈴解下來。」

還有一個故事：從前有個人心中十分苦惱，他聽說禪能消除煩憂，於是便前往禪寺。禪師聽明緣由後，對他說：「只有你能使自己解脫。請仔細回想，心中所有的苦惱和困惑是誰放進去的？誰放進去，就得由誰拿出來。」所以，解鈴還須繫鈴人，苦惱與困惑都是從內心升起，沒有人可以幫你取出來。只能解脫，要靠自己。

智慧小語

時間能使人從苦惱與困惑中解脫。隨著年歲增長，眼界也會開闊，逐漸便能找到出口。

13 曾經滄海難爲水，除卻巫山不是雲

——（唐）元稹〈離思〉五首（之四）

【語譯】曾經見過滄海的壯闊無邊，其它的小江小河就難以稱之為水了；曾經見識過巫山上的飄邈雲霧，其它山嶺間的雲氣也算不上是雲了。

這首詩是元稹悼念亡妻之作，表達出對愛情的懷念與執著。據說元稹喪妻之後，作媒者絡繹不絕，元稹一一拒絕，最終爲表明心志，才在書房横書「曾經滄海難爲水」，以此謝絕各方友朋的好意。後來這句話常被用來比喻愛情的深廣篤厚，此外，很多歷經滄桑坎坷、見識過大風大浪的人，也用這句話來表示對平常事物不足爲奇之感。

經歷了大的場面，眼界就得以開闊，便不會把平常的一些事物放在心上，正所謂「五嶽歸來不看山，黃山歸來不看嶽」。可是，正是普通的山才能襯托出五嶽和黃山之美，也如同「水」是「海」的基礎。如果因爲經歷過「滄海」就無視江河，欣賞過巫山之雲就不屑再看其他的雲彩，我們的生活也不會如此豐富多彩了。生活是由無數的瑣事串連而成，滄海波瀾壯闊，巫山雲海變幻莫測，但這些都不是生活的常態，唯有學著在平淡中嚐出生活的況味，才能無入而不自得。

智慧小語

美酒香醇，千金難求，卻不如清水解渴。平凡的可貴之處在於它隨處皆有，隨時可得，世人卻視若無睹，寧可費盡千辛萬苦去追尋「求不得」。

14 身在福中不知福

「福」是什麼？每個人的標準都不大一樣。中國傳統的「福」，就是妻賢子孝、兒孫滿堂，當然，還要豐衣足食，最好是大富大貴。雖然今天看起來很「土」，可也實實在在。而西方所定義的「幸福」，則是見仁見智，有多少個學者談過幸福，就有多少關於「幸福」說法。當代西方某一家報紙也曾在報上刊登「誰是世界上最幸福的人？」這個題目，最後有三個答案入選，分別是：「剛爲孩子洗完澡，微笑著懷抱嬰兒的母親」、「爲病人進行了一次成功的手術，目送病人出院的醫生」以及「在海灘上築起一座沙堡，得意地看著自己作品的孩子」。這幾個答案讓人覺得有點意外，因爲他們就在我們身邊，並不是遙不可及。可是，我們眞正身處其中的時候，並不一定意識到，我們曾是世界上最幸福的人。

智慧小語

有本童書叫《幸福是什麼》，綿羊說牠的幸福是每天有好吃的草可吃。幸福，就是這麼簡單，它就在生活裡。

15 樹挪死，人挪活

樹木移動位置，會損害根基，影響生長；人改換生活環境，卻可以發現新的機會，使困境獲得轉機。這句俗語勸戒人們不要囿於環境限制，必要的時候可以選擇環境。

人之所以不同於樹，在於人可以權衡利弊，選擇更適合自己的環境，移動對人更有激勵的效果，畢竟，在老環境待久了，難免會產生惰性，變得墨守成規，缺乏想像力。換個環境，便能激發人的潛力和鬥志，獲得新的突破。不過，從熟悉的地方進到一個陌生的環境，無可避免地會遭受到一些損失。原來的親朋好友，各種關係，都沒辦法一併帶走，好比大樹的根絡，不免在移動中被鏟斷。因此跳入新的環境前，需要仔細考慮清楚。盲目的移動只會使人喪失機會，而不是獲得更多的機會。

智慧小語

地基要打的深且穩，建築物才牢固；但人的思想觀念一旦僵化固定，無法靈活思維，那就不如建築這種死物了。

16 高不成，低不就

我們大多數人都只是尋常人，自身不夠完美，但在求職或成家上，誰不想攀一個「高枝」？找配偶要貌美多才、溫柔體貼，最好還要家財萬貫；找工作除了輕鬆多薪，社會地位還要高。當然，這只是大多數人的夢想，在現實中，還是魚找魚、蝦找蝦，該幹什麼幹什麼。可總有一些人自身條件不足，卻還堅持著這種不切實際的夢想，低者不屑遷就，高者又無力達到，於是陷入了「高不成，低不就」的兩難處境。

實際上，這種「高不成，低不就」的狀態，是由願景與實際狀況的強烈反差所造成。「高不成」是客觀條件，「低不就」是主觀願望，客觀條件無法獨力改變，主觀願望卻可以即時調整。因此，如果想擺脫這種局面，便要檢視自身的條件，替自己重新定位，不做不切實際的夢想。退一步海闊天空，只要眼光放得平緩一些，機會也會隨之多出許多。當然，也有人抱著寧缺毋濫的原則，如果只限於擇偶方面，最壞的結果也不過一輩子獨身；但如果在工作方面也挑挑揀揀，輕則影響自己的職業生涯，重則生計都難以爲繼。其實「低就」並不一定如我們想像中那麼可怕，處於自己並不滿意的工作中，也許你會得到更多的歷練；而一個看起來不夠完美的婚姻，也可能更充滿滋味。只要改變自己，人生也許會進入另一個境界。

智慧小語

願景可期，但如果一下子目標太高遠，落入「眼高手低」的桎梏，願景也只不過是無法實現的「夢想」。

17 大難不死，必有後福

所謂的「大難不死，必有後福」，是說人若能經過巨大困難的考驗，接下來便是等著福氣來臨的道理。俗語充滿著祝福的意味。的確，人生中有許多大劫，這些劫數讓你覺得彷彿逃出死神的魔掌，重新活過來，在此情況下，若有人對你說著必有後福的話，是會感到寬心，不再擔憂。然而也有句俗語說「禍不單行」，那麼人們究竟該不該相信眞的大難不死、必有後福呢？

其實，這兩句話並無衝突之處。一個指的是若能安然度過重大劫難，重新開始，是有可能享受福氣；只是經過一劫，並不表示是劫難的劫數，因此，禍是有可能不單行的。有人將兩句俗語擺放在一起討論，實際上，是質疑世上眞有「必有後福」這種事嗎？我想，就說者的出發點來看，他又不是神，怎麼能夠預測未來，這句話應是強調祝福和寬慰的意味爲重；再者，能夠死裡逃生，不就是件很有福氣的事了？如此來看，俗語並沒有說錯。再說到禍不單行，這是敘述境遇的悽慘，意同雪上加霜，這也是人們可能遭遇的處境，若以此來駁斥大難不死、必有後福的可能性，就大大誤解了兩句俗語的精神。話說回來，與其在這兩者間疑惑猶疑，不如坦蕩蕩地面對現實，畢竟活著的意義不在猜測接下來的禍福吧！

智慧小語

是福不是禍，是禍躲不過，人本來就不該過問禍福的事，問得再多也是枉然，無助於事，因此，何不拋開所謂的禍福，忠實自我便是人生。

18 自己跌倒自己爬，望人扶持都是假

小時候，若是不小心跌倒，大人必定趕過來攙扶安慰。久而久之，也給了某些人錯誤的訊息，心想，反正每次跌倒，自然有人會過來攙扶，因此永遠也學不會自己爬起來的道理。

不過，或許有人會問：「學會獨立有那麼重要嗎？」答案當然是肯定的。所謂「靠山山會倒，靠水水會乾」，沒有人可以永遠當你的依靠；再者，畢竟沒有人可以永遠待在你身旁，時時伸出援手，要不然伸手幫忙就是希望得到回報。因此，不論身邊圍繞著多少關心你的人，學會自己爬起，才最實在！

智慧小語

一跌倒就冀望他人扶持，將無法體驗獨自爬起的成就感，也失去了人生這項樂趣。

19 善惡到頭終有報，遠走高飛也難逃

自古以來，中國人們崇天敬神，相信天有神、地有鬼，人們的禍福均由上天決定。佛教傳入所帶來的輪迴思想更深深地影響著中國人，使人認爲萬物死後都得到地獄接受閻羅王的審判，決定該前往六道輪迴的哪一道，而審判的依據就是生前在世間的行徑。

這些老祖宗流傳下來的思想，現今或許有許多人不認同，他們從科學角度反駁，將它歸爲民間宗教思想。科學的分析或許有其道理，然而，善惡報應說重在勸誡人們多做善事，並時時約束自己，至於是否合乎科學角度並不那麼要緊。

智慧小語

姑且不論是否有因果報應之事，做事前先問對不對得起良心才更爲重要。

20 越坐越懶，越吃越饞

人很容易放縱自己，這句俗語便十分生動地點出這項人性弱點。人只要坐下，就不想離開座位，結果越坐就越懶得起身；相同的，人若吃到美食，也很難淺嚐即止，當然也就越吃越饞，胃口越養越大。俗語說的雖然是坐和吃兩件事，其實想傳達的是人容易放縱的缺失。每個人都有怠惰的天性，不只是吃坐，睡覺也是，有時會越睡越久。怠惰可能出自於想休息的本能，就某個層面來說，卻也是敗壞的開始。偷懶的天性讓人停滯不前，想待在原地享受，而待得越久，自然也就越不想離開。休息並沒有不好，然而過於放鬆就成了放縱，讓自己陷入墮落的境地，漸漸變成了懶人，最後更成爲一個廢人，只知道吃喝拉撒睡等事，其餘的什麼都不想做。

這麼說，或許享樂主義者會舉手反對，辯稱吃喝拉撒睡本就是人的天性，而這樣說的說法自然也無可辯駁，只是人和其他動物最大的不同，在於人懂得追尋存在的價值，而不只是活著罷了！隨著本能休息沒什麼不對，但若耽溺於感官的享受，無法自拔地越坐越懶、越吃越饞，最後被感官拉著走，喪失了自我的意識，到時就成了行尸走肉，算不上眞正地「活著」了。

智慧小語

隨著感官走本來也沒有不對，但老子有言：「五色令人目盲，五音令人耳聾，五味令人口爽，馳騁畋獵令人心發狂。」人若是太過放縱和墮落，自然有可能會被感官所操控，落入萬劫不復的境界。

21 萬般都是命，半點不由人

中國人很早就有命定的觀念。《論語》中孔子數度談到命，如子曰：「道之將行也與？命也；道之將廢也與？命也；公伯寮其如命何！」又曾曰：「君子有三畏：畏天命，畏大人，畏聖人之言。小人不知天命而不畏也，狎大人，侮聖人之言。」論語的命有兩層次，其一指不可改變的命運，是人所不能知的。孔子並非消極地要人隨命而走，「知其不可爲而爲之」之語可以證明，然而他也承認命運非人力可以掌握。面對命運，只有一個態度，即既然不可改變，只能接受其必然性，此外，便是修養對待命運的態度而已。

道德和性命可說是儒家重要的一門學問，在民間，世人也呈現了他們對命的看法，產生了諸多關於命的俗語，例如「命強人欺鬼，時衰鬼欺人」、「命裡有時終須有，命裡無時莫強求」、「志窮燒香，命窮算命」……等，俗語「萬般都是命，半點不由人」也是此民俗背景的產物。俗語所傳達的內涵和「萬事不由人計較，一生都是命安排」相同，強調事情的好壞都是由命運所安排，人們只能乖乖接受，無法改變既定的事實。

某個角度來說，此二句俗語都透露出悲觀的態度，流露出人們遇到困境時，不禁由衷悲嘆的感慨之語。然而若換個角度來看，既然命運無法改變，我們何不欣然接受，以豁達開朗的態度，面對各種際遇呢！縱使外界下著狂風暴雨，你依舊是你，生活仍然要持續，歡喜、悲傷都在一念間，何必帶著憂愁過一生。

智慧小語

或許命運能決定人的富貴，但絕對無法決定人的哀樂。

22 寧可與人比耕田，不可與人比過年

愛比較是人之常情，然而，如果從社會互動的層面來看，比較無可避免地有其壞處和災難。舉例來說，有些人爲誇耀財富，毫無節制地鋪張浪費；有些人爲了展現自己外表的出眾，屢屢欺騙他人情感，滿足自身的虛榮心。這些比較行爲，就是愚蠢和不值得鼓吹的事。

因此，比較也有可爲與不可爲的分別。在古時，過年是一年中最爲奢侈的日子，一方面是犒賞自己一年來的辛苦，一方面也是檢視自己當年努力的成果。因此重點在比較自己今年和往年的差異，而非和他人競賽。若眞的比賽過年只是顯得鋪張奢侈，毫無意義可言。由此可知，人生中若難免要比較，請選擇有意義的事來比較，千萬別在無謂的競爭上浪費精力。

智慧小語

人各有存在的價值，若眞要比較，何不跟自己比就好，這樣才能幫助自己進步。

23 靜坐常思己過，閒談莫論人非

佛教修行中，有所謂的禪道，也就是學習佛的智慧、慈悲與定力。若懂得將「禪理」運用到日常生活裡，不只能減少煩惱，人際關係也會更和諧。此外，透過禪定，能使人保持清淨心；落實於處世，其要便是「靜坐常思己過，閒談莫論人非」，隨時隨地檢討過失，去除煩惱憂愁等糟糠。

禪宗史內相傳五祖弘忍預備將衣缽傳給弟子，因此要弟子們各做一首偈子，再從其境界高低來決定誰可得其衣缽。弟子神秀所作的詩歌雖未被推為首選，但對普羅大眾來說，或許更容易接受和實踐，詩云：「身是菩提樹，心如明鏡台；時時勤拂拭，勿使惹塵埃。」即是勸人努力保持心鏡的清明，千萬別讓它惹上塵埃。相同的，這句俗語也在告誡世人，靜坐時應該常常反省自己的過錯，閒談時千萬別道他人的是非，這便是做人的基本原則。

智慧小語

當你在閒談他人是非之際，或許別人也正在評論你的醜聞。

24 智者千慮，必有一失；愚者千慮，必有一得

——《晏子・春秋內篇・雜下第十八》

一天，晏子正在吃飯，齊景公派使者來到。於是晏子分了一些食物給使者，結果兩人都沒吃飽。齊景公聽說後，認爲晏子太清貧了，決定給他一些賞賜，晏子再三推辭。齊景公說，當年齊桓公給管仲賞賜，管仲都接受，爲什麼你堅持不受呢？晏子回答說：「智者千慮，必有一失；愚者千慮，必有一得。」意思是：管仲雖是聖人，也有犯錯的時候（指接受賞賜），而我雖愚笨，也有做對的時候。後人便常用這段話來勸告別人要懂得謙虛。

再聰明的人難免會出錯，因此，切勿自恃聰明，覺得自己的想法萬無一失；而資質平庸者也不要因此自卑，只要勤奮不懈，總有超過智者的可能。

智慧小語

想太多不一定有用，想太多不一定好受，有時跟著感覺走，會有意外收穫。

25 好漢不提當年勇

據說比爾蓋茲辦公室內掛著一句話：「Forget it.」，這句話和俗語「好漢不提當年勇」，有著異曲同工之妙，都是提醒人們不能安逸於過往的成就。身爲好漢，對過去的豐功偉業緬懷一下，乃人之常情，但卻要小心沉醉過了頭。

同樣地，一個民族或國家也可能曾有過耀眼的盛世，但回顧那些曾燦爛過的文明古國，如今也往往不復往日的風采。歷史不應該被遺忘，但若總是沉緬於過往的榮耀而不能自拔，那這個民族就不可能大刀闊斧地改革，重新創造巔峰。「好漢不提當年勇」是一種積極的態度，作爲一個「好漢」，應該讓自己的目光永遠落在現在和將來。

智慧小語

過去是八十分，如果現在還是八十分，那你只是原地踏步而已，而超越你的人可能已經比八十分時還多。

26 百聞不如一見

——（漢）班固《漢書・趙充國傳》

西漢時羌人入侵，漢宣帝派人問大將趙充國關於戰事方面的情報，趙充國回答道：「百聞不如一見。兵難遙度，臣願馳至金城，圖上方略。」意思是他必須親自到前線觀察，這樣的情報才可靠。之後這句話就被用來強調親自觀察的重要性。

宋朝的蘇東坡也是個強調眼見爲憑的人。他聽說江西鄱陽湖邊有一座石鐘山，有人說是因爲波濤拍打在石頭上，聲如洪鐘；還有人說用石頭來敲擊這座山，發出的聲音像鐘聲。蘇東坡覺得這兩種說法都難以使人信服，於是親自乘船考察，終於發現這座山其實是中空的，好比一口大鐘倒扣在水面上，上面又有很多窟窿，湖水進進出出，發出了各種聲音。於是他感慨地說：「耳聽爲虛，眼見爲實。」親自考察自然勝於道聽塗說，但在現今的網路時代，照片都可以運用技術隨意修改，所以，我們有時候連自己的眼睛都不能相信了。

智慧小語

讀萬卷書行萬里路，若空有理論，忘了實踐的重要，將無法在事業或人生上提升。

27 大風吹倒梧桐樹，自有旁人論短長

大風吹倒了梧桐樹，梧桐樹倒後，旁人自然可以很輕鬆地評量樹木的長短。這本是很自然的事情，卻衍生出正反兩面的意思。其一解爲公道自在人心，事情發生了就不須多費唇舌辯解原委；其二解釋爲反面，表示事情發生後，總有小人在背後議論紛紛。

人類是群居的動物，人們看見了某件事，就會有評論的聲音。面對這樣的事實，有的當事者乾脆閉起嘴巴，任由他人說吧！畢竟說得再多，別人還是有話可講。這樣做或許是種無聲的抗議，卻也是保護自己的一種態度和方式。俗語說的好：「人言可畏」，想和人言爭論，有時僅是換來一身傷，所以乾脆讓別人各自吵算了！或許有人會說，這樣不就是放棄自己發言的權利，事實甚至有可能被埋沒。然而，試問縱使當事者眞的說了眞相，會相信的人本來就相信，而不信的也還是不信。

智慧小語

梧桐樹的長短，通常不是爭論的重點，可悲的是這就是所謂的公論啊！

28 兵來將擋，水來土掩

中國的古典通俗章回小說保留古代諸多的俗語，如《三國演義》、《水滸傳》、《西遊記》等書，情色小說的至尊《金瓶梅》也是如此，如四十八回中曾說道：「常言：『兵來將擋，水來土掩。』事到其間，道在人爲，少不的你我打點禮物，早差人上東京，央及老爺那裡去。」其中「兵來將擋，水來土掩」成了眾所皆知的流行話，意思是不管遇到任何事情，都應該按照情況，採取對應措施；衍生意指不論前方有任何的困難，本人自然有方法解決。

這兩句話的源頭或許和軍事與防災有關，從位階來看，小兵最怕的是將領，因此若是小兵作亂，自然要由將領來收服；從五行相剋的關係，水最怕的是土，所以治水患做好的方式就是土掩。

姑且不論源頭爲何，至少俗語所講述的精神能適用於現實生活。人在生活中都會遭遇到不同的困境和瓶頸，這時候就需要對自己多點信心，告訴自己任何的問題都可以迎刃而解，管他兵要來還是水要來，來了，自然有將和土可以剋制。若能抱持這樣的精神，絕對可以橫行無礙，達成預設的目標，解決所有的問題；最怕的是，兵水還沒來，你就自己先投降，若眞是這樣，縱使你有再多的資源，失敗還是會接踵而至。

智慧小語

世界上沒有無敵的事物，只要找對方法，沒有解決不了的問題，最怕的就是還沒開戰就先自我放棄繳械，如此一來想打勝仗，簡直是痴人說夢。

29 花有重開日，人無再少年

台灣有首非常有名的通俗歌曲〈花落離枝〉，歌詞說道：「花若離枝隨蓮去，擱開已經無同時；葉若落土隨黃去，擱發已經無同位。」雖然，歌詞描述的手法和俗語有些差異，其意境和俗語的精神卻是相呼應的。花凋謝了還能重開，只是重開了也在不同的位置，人隨著光陰老去，少年也就不再回來，藉此告誡人們珍惜青春年華，別虛擲時光。

雖然眾多俗語都曾留下人生的智慧，正如諸多戲曲不斷唱著：「花有重開日，人無再少年；休道黃金貴，安樂最值錢。」虛擲光陰和貪圖富貴仍是人們的缺點，太多人這輩子的目標僅是追求名利富貴，從沒思考過自己是否善待歲月，只有等到晚年時，花大把大把的鈔票，想尋回青春的容貌，孰不知青春的意義在於心境，而不是永恆不凋零的外表。

智慧小語

月落還會再月升，花謝依然會花開，在自然的循環中，只有人類明顯的逐漸老去，所以對每個人來說，珍惜生命的每一秒是非常重要的課題，做好它，人生才有價值和意義。

30 留得青山在，不怕沒柴燒

古時，柴可是開門七件事的首要，所謂的「柴米油鹽醬醋茶」，由此可見柴的重要性。柴的來源，就是靠一座座的青山；柴伕每天上青山砍柴，提供市民日常生活所需。因此保持長在的青山，是多麼重要的一件事。俗語就是在這背景發展出的人生智慧。

俗語意指：只要留住最根本的東西，不怕將來沒有作為。由此可知，俗語以樂觀的態度，面對任何挫折。常人遇到挫折很容易頹廢，喪失信心，甚至有想死的念頭，這樣的悲觀者比比皆是，然而他們卻沒有想過，失敗了只要重新振作再來，依然有成功的那天！歷史上的項羽就是不懂得「留得青山在，不怕沒柴燒」的道理，或許烏江自刎令他成了悲劇英雄，但若他能夠忍住失敗的恥辱，檢討自己的過錯，絕對可以再造霸王之業，只僅悲嘆著：「天亡我，非用兵之罪也！」只是無濟於事。

智慧小語

留住了青山自然有柴可燒，若失去了青山，只能夠望山興嘆何時才有柴啊！

31 寧爲雞口，不爲牛後

——《戰國策・韓策一》

《戰國策・韓策一》中記載著：「臣聞鄙語曰：『寧爲雞口，無爲牛後。』今大王西面交臂而臣事秦，何以異於牛後乎？」這段話的意思是，問對方寧願當一個小國的國君，還是想成爲大國的附庸呢？由此段記載，可得知很早就有雞口和牛後的比喻。目前人們多從字面上來解讀，說雞口小而潔淨，牛屁股雖大卻惡臭，由此延伸比喻寧可在小的範圍內自主，也不願在大的範圍內任人支配。「雞口潔淨、牛後惡臭」是俗世的誤解，其原意應在個人是否握有自主權，當雞口或雞首，是個帶領者，決定前進的方向；相反的，牛後只能跟隨他人而走，沒有自我的方向和決定權。

總的來說，此俗語說的是追求個人自主的心態。然而，目前使用上大多有所誤解，延伸出寧願佔居小山頭，成爲山寨王，也不願意委屈自己待在大山，低人一等。這樣的用法有點小鼻子、小眼睛，顯得視野狹小，傳達人安於現狀、不求上進的弊病，完全扭曲了原意。事實上此俗語重在講述個人的自由性，而不是要人當個小團體的領導就好。舉例來說，有些人就以此句表示寧願在私立高中當第一名，也不要在公立高中名列倒數。這樣的比喻就是全然錯誤。語言的使用要注意語詞的眞正涵義，用錯了不但鬧笑話，還讓自己陷入尷尬的狀態，切記，切記。

智慧小語

這世上多數人都寧願選擇當個牛後者，畢竟這樣不用自己煩惱未來的方向，只要跟著他人走就好，所謂的雞口和雞頭，僅是那些高傲者的態度，不切實際，熟不知「懶」本來就是人類的天性。

32 千里之堤，潰於蟻穴

——（漢）劉安《淮南子・人間訓》

【語譯】千里長的大堤，往往因為小小的螞穴而潰決。

漢朝的劉安在《淮南子・人間訓》中寫道：「千里之堤，以螻蟻之穴漏；百尋之屋，以突隙之煙焚。」說明宏大的工程建築，由於一點小紕漏，日積月累，也可能造成巨大的危害。比如築一道江河堤壩，用的水泥品質不符合要求，起初從外表上看不出有問題，但時間一長，經過河水不斷浸泡沖刷，堤壩內部也會漸漸鬆塌，變得脆弱不堪。一旦發生洪澇災害，坍塌的事故就無可避免了。

回顧美國的航太歷史，誰能想到「挑戰者號」太空梭的慘劇，是一個小小的螺絲釘造成！只因爲這個螺絲釘沒有焊接牢靠，導致整個太空梭解體，從空中墜毀，造成了重大的損失。在一項重大的專案工程中，小的紕漏往往因爲太過細微，引不起人們的重視，有人甚至會說：「有那麼多重要的環節要投入精力，哪還能顧及那些小地方！」可是，許多的小毛病日積月累，最終往往會導致巨大的災害。今天，人們常說：「細節決定成敗」，一個小小的漏洞，如果聽任其蔓延開來，可能造成無法彌補的損失。

智慧小語

對小細節抱著得過且過的心態，最後吃苦頭的往往是自己。雖不必要事事錙銖必較，但處世接物應該立定一些原則，即遇小事也不妥協，如此才算活得有風格。

33 一葉障目，不見泰山

古時候，楚國有個整日想著要發財的窮書生，有天他在書裡讀到一種「隱身法」，書中說只要拿到螳螂捕蟬時遮蔽身體的那片樹葉，就能隱身。書生看了大喜，趕緊到大樹下尋找這樣的樹葉，最後還眞被他找到了。他爬上樹想摘那片葉子，誰知一不小心，樹葉掉了下來，混進落葉堆中，於是他只好把整堆樹葉都掃回家。回家後，他對著妻子試了一片又一片，妻子最後不耐煩了，隨便敷衍說：「看不見了。」書生一聽非常高興，第二天就帶著這片樹葉來到市場，明目張膽地拿走人家的貨品。當然，他一下子就被抓住了。當縣官審明他偷東西的經過後，眞是又好氣又好笑，教訓了他一頓，才把他放了。

一片樹葉就能遮住眼睛，連雄偉的泰山都看不見了。其實，眞正遮蔽我們眼睛的是貪欲，如果太執著於眼前的利益，很容易頭腦發昏，即所謂的「利令智昏」；只有對任何事物都保持一定的距離，才能思慮澄明。

智慧小語

人都有自己的慾念，應該時時回視自身處境，才不至於讓小小的樹葉阻礙了視線。

Part2

▸▸ 倫理人情篇

1 一日不見，如隔三秋

——《詩經・王風・采葛》

此句出自《詩經》，表現出相隔兩地的戀人對彼此強烈的思念。《詩經》是孔子所編，推崇的是「溫柔敦厚」的風格，但這首詩的感情卻異常濃烈。

詩中充分表現了時間的相對性，說明跟喜歡的人在一起，時間就會過得飛快。分別之時，難捨難分，一天不見，就好像有三年那麼長，備受煎熬。相反地，跟不喜歡的人在一起，或者做自己不感興趣的事，就會覺得好像時間停滯不前了，每一分鐘都無法忍受。其實，人的一生壽命不到百年，當遇到意氣相投的人時，就應該爭取並珍惜相處的每個時刻，對想做的事情更要立刻起身去做，無形之中，或許會感覺自己的壽命延長了許多倍。

智慧小語

時間如此珍貴，珍惜與所愛的人共度的每分每秒，這一生才算過得有意義。

2 月是故鄉明

——（唐）杜甫〈月夜憶舍弟〉

〈月夜憶舍弟〉這首詩是唐肅宗乾元二年秋，杜甫在秦州所作。是年九月，史思明叛軍西進洛陽，山東、河南都處於戰亂之中。杜甫的幾個弟弟當時正好在這一帶，因為戰亂音信不通，杜甫非常牽掛擔心他們，於是做了這首詩。

在中國的文化中，「月亮」是一個承載了許多涵義的符號，通常與思鄉、懷人緊密聯繫在一起。正因為心中帶著深刻的感情，所以眼中所見的月亮才發出不一樣的光亮。無論走得多遠，故鄉在中國人的心中都是心靈的淨土、沙漠裡的綠洲，不論是佳節或者漂泊在外顛沛流離之時，遊子們都會湧起濃烈的鄉愁，故鄉的景物和舊識，都那麼值得懷念。不過，美好的鄉愁往往只存在人們的想像中，離家多年，要是真的回了鄉，面對人事景物的變遷，有時也令人不勝唏噓。

智慧小語

強烈的思念能改變記憶，記憶中故鄉的月光格外明亮，月亮好似幻化成親人的笑臉。

3 情人眼裡出西施

西施是中國古代四大美女之一，她把吳王夫差迷得神魂顛倒，爲了她終日不理朝政，越王勾踐因此得以蓄積實力，最後成功復國。雖然傳說總有誇大，但是西施的美麗應該是無庸置疑的。

像西施這樣的絕代美女實在是難求，可是，對正在熱戀中的男女來說，只要是自己所愛的人，無論容貌如何，都會覺得是世界上最美的人。有人說：「愛情使人盲目」，對陷入愛河的男女來說，他們看不到彼此的缺點，總認定對方是最完美的，即便有時看到了缺點，也帶著一種浪漫的情懷將它歸爲「缺陷美」。情侶間，假如能對自己的另一半一直保持著這種情有獨鍾的愛慕之情，是十分令人羨慕的，但是這樣的例子眞是少之又少。往往時間一久，激情褪去之後，就漸漸看清對方的本來面目，這時說不定「西施」搖身一變成了「無鹽女」。所以有人說，結婚之前要睜大雙眼，結婚之後要睜一隻眼閉一隻眼，此爲情感長久之道。

智慧小語

激情之火必會蒙蔽洞察之心。情人臉上的雀斑是可愛，情人的蠻橫是眞性情。所以，熱戀之人的話旁人可別盡信。

4 男怕入錯行，女怕嫁錯郎

選擇職業，關係人一生的命運。如果選到了自己喜歡、又能發揮所長的職業，事業上的成功必定指日可待，但假如隨便挑選職業，存心抱著「混飯吃」的消極態度，絕不可能有出人頭地的一天。而對舊社會的女人而言，婚姻則決定了一生的幸福，一旦嫁錯丈夫，就像男人挑錯了工作一般，這輩子就永無出頭之日了。

在中國的傳統戲曲中，就有許多錯信薄情郎的故事，著名的「杜十娘怒沉百寶箱」就是這樣一個悲劇。名妓杜十娘愛上了公子哥李甲，李甲對她確實是殷勤備至，讓杜十娘感受到從未有過的眞情，於是以身相許。李甲的父親在鄉里爲官，一聽說兒子癡迷於一個妓女，不由得大怒，斷了李甲的經濟供給。杜十娘無怨無悔，拿出自己的私房錢貼補李甲，甚至出錢給自己贖身，一心一意跟隨李甲還鄉。在船上，富商孫富垂涎杜十娘的美色，用巨金做誘餌，對李甲提出轉讓杜十娘的建議。這時的李甲，一方面擔心家裡不承認杜十娘，另一方面又害怕此後會失去家中的經濟援助，正爲此事憂心，對孫富的提議不由得動了心，回頭對杜十娘提起此事。杜十娘不敢相信自己託付終身的人竟然是如此薄情寡義、懦弱無能。傷心的杜十娘假裝同意這個提議，第二天，她抬出自己多年積攢的幾大箱奇珍異寶，對著圍觀的眾人展示一番，再一一投入江中，並且當眾痛斥孫富的趁人之危和李甲的薄情寡義，最後縱身跳入江中，一代名妓就此香消玉殞。杜十娘因爲所嫁非人，釀成了自身的悲劇。如今婚姻自由，眞的「嫁錯郎」還可以離婚，但帶來的傷害還是很難消除。所以，無論是選擇職業，還是選擇對象，都要愼之又愼。

智慧小語

好的開始是成功的一半。職業、婚姻，都是人生的一個重要關口。要謹愼，更要勇敢。

5 千里姻緣一線牽

——（唐）李復言《續玄怪錄．訂婚店》

《續玄怪錄．訂婚店》中記載了這樣一個故事：唐朝有個人叫韋固，某天晚上在宋城的一個旅店住宿。他看見一個老人坐在月光下，面前放著一個布口袋，翻著一本書，他就問那個老人在翻看什麼。老人說：「我看的是記錄世人姻緣的簿子。」韋固很好奇，又問口袋裡裝的是什麼。老人回答說：「這裡頭都是紅繩，只要我把一條紅繩往男女的腳上一繫，不管他們是生在仇敵之家，或者貧富懸殊，甚至是相隔萬里，都會成爲夫妻。」原來這個老人就是專門管人間姻緣的「月下老人」。而這句話此後爲便引申爲：男女之間只要有緣分，即使相隔再遠，也會終成眷屬。

姻緣的安排總是奇妙而令人難以預期。比如王寶釧本來是相府千金，只因爲丟出的繡球打中了薛平貴的頭，就義無反顧、心甘情願地嫁給了這個窮小子；再比如中國四大美女之一的王昭君，深居漢宮中，因爲和親政策被送往塞外和親，嫁給了萬里之外的匈奴單于。不管主動還是被動，奇緣總能讓人感嘆命運冥冥之中的安排。不過說到底，婚姻的這根紅繩還得靠自己牢牢把握，遇到機會不要錯過，如果錯過了一段良緣，將會終身遺憾。

智慧小語

姻緣有時苦尋不著，有時又像天上掉下來的禮物。緣分未到時，姑且耐心等候，畢竟是你的就是你的，不是你的，一個人過也別有滋味呀！

6 英雄難過美人關

中國歷史中，英雄好漢常常難以擺脫美色的誘惑，最終喪失鬥志或落入圈套，招致身敗名裂的下場。最有名的當數「衝冠一怒爲紅顏」的吳三桂。明末，吳三桂擔任明朝遼東總兵，鎭守山海關。其愛妾陳圓圓被李自成手下的大將劉宗敏擄去，吳三桂一怒之下，投降了清朝，捨棄了忠臣應有的節操。

自古美人愛英雄，英雄人物的身邊也常有美人相伴，比如「力拔山兮氣蓋世」的項羽，行軍打仗之時，還不忘身邊帶著虞姬。直到垓下被圍、四面楚歌之時，他心裡還放不下虞姬，虞姬只得在他面前自刎，好讓他沒有後顧之憂，專心突圍。俗語說：「無情未必眞豪傑。」英雄之所以爲人景仰，必有其眞性情之處，也因此才讓這些英雄美人的風流韻事，至今仍爲人所津津樂道。可是，有些人只是好色之徒，憑藉著自己的權勢縱情聲色、尋花問柳，卻以「英雄難過美人關」的堂皇說辭爲自己的惡行辯解；還有一些人被美色所迷惑，中了美人計，一失足成千古恨，再想回頭都不可能了。他們意志薄弱，算不上眞正的英雄。比如「呂布戲貂蟬」，爲了爭奪貂蟬，他背叛了義父董卓。董卓雖然不是什麼好人，但呂布的行徑也讓人髮指。所以雖然在《三國演義》中，呂布的本領數一數二，可人們提起他，總是以「三姓家奴」來形容他。可見，在美人面前也不應該喪失頭腦的清醒，「發乎情，只乎禮」，才是過美人關的準則。

智慧小語

不只英雄，對於任何人來說，美色都是一道難以抗拒的難關。其實「食色性也」，欣賞美好的事物是人之常情，但面對道德禮義的掙扎時，還是得努力把持住才行。

7 捆綁不是夫妻

在過去的封建社會中，婚姻往往由父母決定，經常男女雙方還未見過面就被推入洞房，出於綑綁而造就的婚姻成爲常態，夫妻同床異夢的情況更是司空見慣。如今，這種光憑媒妁之言而結合的夫妻已經少見，但是同床異夢的夫婦卻仍屢見不鮮。這種婚姻，對夫妻雙方來說都是一種桎梏。

婚姻是兩個獨立個體基於自願的結合，唯有從自由意志出發才能穩定且長久。此外，這句俗語也常被引申爲雙方合作應該在自願互利的基礎上，若勉強則難以成功。比如近些年吵得沸沸揚揚的大學合併，很多合併並不是在雙方自願的基礎上，這就導致了學校機構膨脹，但管理卻陷入混亂的困境，學校的名聲也受到影響。所以，這種只是爲了成爲綜合性大學而把幾個專業學院捆綁在一起的做法，無異於捆綁而成的夫妻，其後的發展令人憂心。

智慧小語

即使是自由戀愛，都有各自分飛的可能，更何況一開始就勉強得來的姻緣呢？

8 棍棒底下出孝子

過去中國的父母把孩子視做自己的私有物，生殺予奪的大權都掌握在自己手中，孩子與他們的想法稍有背離即視爲大逆不道，所謂「三天不打，上房揭瓦」，一貫行使打罵的教育，使得許多童心未泯、富於創造性的孩子就這樣被扼殺了。

孩子在打罵的環境下長大，感情與心靈受到極大的創傷，往往形成兩種極端的性格，或者變得唯唯諾諾、膽小怕事，或者變得叛逆心強，容易產生報復社會的衝動。這些都不是健康的人格。其實，許多父母打罵孩子，並不是出於教育目的，僅僅是爲了發洩心中的壓力和不快。更有些家長爲了提高孩子的學習成效，也採用這種強迫的手段，只要孩子達不到標準，父母就以「嚴師出高徒」的名義進行體罰。其實父母們應該以「鼓勵」代替「打罵」，如此下一代才能在健康的環境中成長茁壯。

智慧小語

唯有用堅定而自持的態度與孩子相處，孩子才能眞正學習到尊重的眞義。

9 癩蛤蟆想吃天鵝肉

多數人都明白，凡事要量力而行，別奢望遙不可及的目標。不過，有些癩蛤蟆偏偏不信邪，死命盯著美麗的白天鵝，而有些還眞的吃到了天鵝肉，這樣的好運是從何而來？上天又爲什麼會眷顧不自量力的人呢？原來，癩蛤蟆自知形穢，反而無所畏懼，敢於窮追不捨，而執著的精神終究能感動天鵝，反觀那些只在一旁觀望的人，便白白失去了機會。當然，也不是所有的癩蛤蟆都有這個福份，除了需要修煉自己，努力成爲同類中的佼佼者，還要有勇氣接近天鵝，不畏失敗，屢敗屢戰，直至勝利。有「吃天鵝肉的想法」並不是罪過，至於能不能吃得到，就全在於自己的努力和運氣了。

智慧小語

癩蛤蟆有兩種：一種鎮日空想，一種勇敢力拚。前者原地踏步，後者不爲起點不如人而放棄上進。你是哪一種呢？

10 家有賢妻，男兒不遭橫事

古代有一齣戲叫《打狗勸夫》，講的是一家兄弟兩人，弟弟行為不檢，結交了許多酒肉朋友，他的妻子多次規勸無效，兄弟最後鬧得不相來往。妻子無奈，想了一個計策。她把一條死去的黑狗套上男人的衣服，裝進布袋放在家門前。晚上丈夫酒醉歸來，她就告訴他布袋裡是一具男人的屍體，為免災禍，必須移到別處。她的丈夫驚惶失措，求助於平日的「好友」，結果人人都怕受牽連，沒有人肯出手相助。最後，是兄長幫忙把屍體背到郊外掩埋。弟弟這才省悟，兄弟二人從此言歸於好。

過去的社會中一直遵循著「男主外，女主內」的傳統，一個家庭中，妻子若聰慧靈巧，就能幫助丈夫結交良師益友，免遭災禍，但如果任由丈夫為所欲為，丈夫就很容易走上邪路。甚至，有些人犯下惡行，就是妻子在旁煽動。家裡有這種妻子，還不如無妻。

智慧小語

選配偶應該慎重。兩人身為命運共同體，若是一方沉淪，另一方也無法不受波及。

11 清官難斷家務事

關於這句俗語有這麼一個故事。話說古時有個縣令，剛上任不久，就有個讀書人擊鼓鳴冤，說妻子虐待自己的母親，逼婆婆投河自盡。縣令一聽大怒，二話不說就想把這個不孝的媳婦抓來。可是躲在屏風後面的縣令夫人卻叫人把縣令請進來，對他說：「我看這個來告狀的人神情異常，說不定此事另有隱情。」縣令覺得有理，決定親自出馬調查。一調查才知道，這家有兄弟兩個，大哥在外經商，小兒子是個讀書人。縣令分別問了兩個媳婦到底發生了什麼事。大兒媳說：「弟媳把吃剩的魚丟給婆婆，婆婆不堪羞辱投河自盡。」小兒媳卻說：「自己爲了孝順婆婆，特意把魚骨頭挑出來才送給婆婆吃，誰知大嫂挑撥離間，說是剩菜。」正當縣令不知道誰說的才是眞話時，那個婆婆卻被大兒子扶著來到縣衙。原來，當她走到河邊時，正好碰到大兒子的商船靠岸。大兒子瞭解自己的媳婦，知道是母親誤會弟媳，急忙勸阻。後來，縣令又經過一番深入調查，才發現原來是叔嫂二人暗通款曲，陷害小媳婦。眞相大白後，縣令不禁對夫人感嘆說：「我雖然處事公正，可是『清官難斷家務事』，要不是你提醒，差點誤判了這樁家庭糾紛。」

俗話說：「家家有本難念的經」，每個家庭有各自的問題和煩惱，這些糾紛又多是雞毛蒜皮的小事，法律上也很難界定；何況，家庭本來就不是一個「講理」的地方，因此，即便是一個清正廉明的官員，也很難插手或介入一般的家務事引發的糾紛。

智慧小語

家庭裡的恩恩怨怨，總是糾纏難解，身爲局外人，若是涉入過深，有時不免落個裡外不是人的下場。因此，插手他人家務事務必要懂得拿捏分寸。

12 天涯何處無芳草

——（宋）蘇軾〈蝶戀花・春景〉

這句話出自蘇軾的詞〈蝶戀花・春景〉，是一首傷春之作。原句「枝上柳綿吹又少，天涯何處無芳草」，前句寫飛揚的柳絮漸漸少了，春天又將逝去，後句則筆鋒一轉，體悟到處都能看見春意盎然的景象，不必拘泥於一個地方。這既是作者的自勉，也透出對仕途不順的些許無奈。

這句話也常用在日常生活中，不過用意已不大相同。如今這句話經常是用來勸慰失戀的人，不必太過執著。不過，話說回來，要找到適合自己的對象並不容易。戀愛中的人一旦找到了合適的對象，還是應該努力珍惜，縱使外面有成片的芳草地，也不應該成天惦記，否則，愛情不會有好的結果。

智慧小語

捨不得放的下場，只會連自己的人生也賠掉。世上男女何其多，切記無需過於執著。

13 衣不如新，人不如故

——漢樂府〈古豔歌〉

「煢煢白兔，東走西顧。衣不如新，人不如故。」這是一首被拋棄的女子所作的詩。根據史書《藝文類聚》的記載，在後漢時期有個叫竇玄的美男子，長得一表人材，深得皇帝賞識，要他休了自己的老婆，再把公主許配給他。竇玄的老婆得知後悲憤不已，就做了這首詩。在古代，婦女的命運往往不是掌握在自己手裡，但從這首詩裡也可以看到女人對命運的抗爭。

有人說：「酒是陳的香，朋友是老的好」。夫妻之間也是同樣的道理，相處的時間越久，形成的默契越多，感情也才會越來越融洽。有些人面對感情時喜新厭舊，有了新歡就拋棄舊愛。這樣的人不懂得付出，不珍惜所有，如此將難以獲得眞正的愛情和友情。

智慧小語

經歷長時間經營而來的感情是無價的，因此，老夫妻、老朋友都是人生的至寶。

14 家書抵萬金

——（唐）杜甫〈春望〉

唐肅宗至德元年，安史之亂的叛軍攻下長安，杜甫聽說肅宗在靈武即位，前去投奔。結果半路被叛軍擄到長安，困在當地。第二年春天，他寫下這首著名的詩篇。這句詩表達了杜甫與家人因戰亂而音訊隔絕的情況，以及他急切盼望家人消息的心情。

「烽火連三月」的蒼茫歲月已離我們遠去，「家書抵萬金」的眞理卻是亙古不變。古往今來，征夫遠行、遊子浪跡、同胞異處、骨肉分離，家是不一樣的夢裡同樣的主題。見字如面，家書成爲傳遞親情的使者。然而，隨著現代通訊方式的變化，電話、簡訊、電子郵件等等，這些更方便快捷的通訊方式漸漸取代了傳統的家書，但是，收到遠方親人來信，就會感到一股濃濃的親情撲面而來，這是其他高科技通訊所不能給予的。所以，對你最親愛的人，請在某個靜謐的午後或是沉寂的深夜，提筆寫一封家書，寄一份親情。

智慧小語

遊子在外地爲前途奮鬥時，別忘了抽空回家，畢竟與父母相處的時間，是日漸減少了。

15 一個巴掌拍不響

矛盾和糾紛不可能由單方面引起，其實雙方都有責任。舉例來說，一對夫妻關係緊張，甚至到了要離婚的地步，往往不是單方面的問題，而想要解決問題，也不能單憑一方的意願。

爭執的起因往往來自我們自身。從男性的角度來看，許多妻子結婚前懂得打扮，說話溫柔輕聲，一旦結婚後就不再注重外表，說話粗聲粗氣，只懂得用打理家務、煮飯洗衣這些方式向丈夫或兒女表示關愛。同樣地，許多男人一旦結了婚，也只知道按時向家裡「交錢」了事，懶於改變婚姻沉悶的現狀，寧可向外尋找「知音」。一個巴掌確實拍不響，當婚姻出現了問題時，不要馬上彼此指責或控訴，應該同時檢討自身在婚姻中的付出。只有眞誠的交流與溝通，才能夠及時轉化危機。

智慧小語

發生爭執時，不妨先靜心想想，自己是否也有過錯，如此往往能使紛爭消解於無形。

16 夫妻本是同林鳥，大難來時各自飛

世上最感人的是夫妻情，最脆弱的也是夫妻感情。兄弟姐妹之間、兒女與父母之間，即使鬧彆扭也有血緣關係的牽連，畢竟「血濃於水」。但即便如此，也可能「久病床前無孝子」。而夫妻之間則是藉由「愛情」，這種最難以預料的感情作爲聯繫，或者，還有「責任」來維持，但這一切都並非堅不可摧。所以平日夫妻恩愛有加並不稀奇，一旦遇上了挫折和災難，就成了對兩人關係嚴峻的考驗，許多人在這種考驗面前退縮了，拋棄自己患了病、破了產，或入了獄的另一半。所以，人們感嘆夫妻之間關係的脆弱，發出這句無奈的憤慨之語。

對這些人，我們常常施以道義上的譴責，可是人生際遇如此難測，誰也不知道將來會發生什麼，我們沒有權利要求別人和我們一起受苦。不過，我們依然羨慕那些在人生險途上不離不棄、同舟共濟的夫妻，他們互相信任、彼此扶持。唯有情愛經過時間沉澱的夫妻，即使「大難臨頭」也會同生共死；而「各自飛」的怨偶，或許是因爲原本就沒有把愛的基礎打牢，疏於好好經營婚姻。從寬容的角度來看，對於那些在危難之時離我們而去的配偶，我們不必怨天尤人，他們只是沒有通過這次考驗；若另一半能長相左右、患難與共，我們在感謝上蒼的同時，也要加倍珍惜，因爲，他們是再多財寶也

換不來的良人佳偶。

智慧小語

遭遇變故時，有人因為人生伴侶不願和自己患難與共，大受打擊，使自己的遭遇雪上加霜。其實換個角度想，如此不也證明對方不是眞正的另一半？經由災難使自己看透眞相，也是一種幸運吧。

17 打虎親兄弟，上陣父子兵

打虎和打仗一樣，都是性命交關的時刻，在這個時候，周圍的人團結一致，尤顯重要。團隊裡面的人，如果能夠像親兄弟一樣互相協助，像父子一樣彼此關懷，就能集中力量，最終克服困難，脫離險境。如果每個人都只顧自己的安危，那人人都避不了危險。

捉螃蟹的人可能有這樣的經驗，將活螃蟹放在背簍裡，即使多裝一些，也不用擔心簍子滿了，螃蟹會跑出來，因爲每隻螃蟹都會拚命拉著別隻，好不容易爬上袋口的也會被後面的拉下來。在一個團體裡，如果所有的人都像簍子裡的螃蟹，只想踩著別人的肩膀，那精力便都消耗在互扯後腿上，如此也不用再奢想能度過難關了。

智慧小語

家人雖是上天的賜與，卻並非予人一味需索，唯有努力經營，才能日子越長感情越濃。

18 欠債怨財主，不孝怨父母

一般來說，欠了別人錢，大部分的人都會羞愧，想辦法趕緊賺錢還錢。然而，卻有些人不知羞恥，欠了債也毫無愧意，反而埋怨債主心胸狹窄，斤斤計較。同樣地，有些子女只知怨恨父母沒給自己富裕的環境，卻沒想過世上沒有什麼是別人應當給你的，縱使父母生下你，也沒有義務要給你什麼樣的生活環境。

其實，若不想債主追討，就別欠債，惹來一身的麻煩；若不想當個不孝子，就別成日抱怨，何不坦然接受不能改變的現實。當然，這些話對那些不知悔改的人而言，可能起不了任何作用，所以世上總是存在著「欠債怨財主，不孝怨父母」的人，對此我們也只能感到遺憾罷了！

智慧小語

埋怨他人前，請先想想自己是否眞的如此完美，這樣或許能以較寬容的心看待他人。

19 男追女，隔重山；女追男，隔層紗

不論過去或現在，兩性的追求世界裡，男方似乎較女方佔有優勢，甚至抬出一個冠冕堂皇的理由，即「窈窕淑女，君子好逑」，此顯示社會的價值觀中較爲認同男性主動的想法。上述是從社會的層面來論。事實上，若反過來女性變成了主動者，展示出婀娜多姿的身態，加上窮追不捨、死纏爛打的招數，相信也有不少男性會買單，乖乖成了裙下臣，畢竟，男性們抵擋不了「巧笑倩兮，美目盼兮」的誘惑。因此，觀察到女性較男性容易擄獲「芳心」的人，用一個鮮活的字詞來傳達追求的難易度。男性追求女性，彷彿隔著重重高山，只有拚命爬過山，才有機會得到佳人；反之，女性追求男性，像是隔著輕薄的紗簾，只須輕輕撥開，就可輕而易舉地使對方掉入愛河。

當然，用所謂的山和紗來區分男女性主動的難易度，僅呈現出部分的事實，即是男人追求女人的辛苦和女人追求男人的輕鬆，這個看法並非適用於所有戀愛關係。不可否定，現今仍存在「男追女，隔重山；女追男，隔層紗」的情形，只是如今男女雙方均擁有主動權，成功率也是看對方是否喜歡，重點不在男追女或女追男。因此，女追男是否一定隔層紗，已經是見仁見智了！

智慧小語

隔重山或隔層紗並非重點所在，只要兩情相悅，誰追誰似乎都是一樣輕鬆。

20 兒孫自有兒孫福，莫爲兒孫作馬牛

這對俗語出自於念菴禪師的詩歌，整首詩是：「斗米千錢我不收，十三年返故家園；兒孫自有兒孫福，莫爲兒孫作馬牛。」詩歌講述禪師平日安貧樂道，人們供養他的資糧、金錢都不收，他參禪學道十三年，回到了故鄉，後兩句敘述他回鄉探親後，對於子孫的看法。他認爲不須爲兒孫做牛做馬，兒孫自然有兒孫的福氣。

這兩句俗語把人間父母、子女的關係，說得非常透澈。綜觀世間父母，總是茹苦含辛養兒育女，擔憂兒女是否吃飽、穿暖、住好，只要聽說他們挨餓受凍、過得辛苦，哪怕在遠也要趕到，親自照顧。這樣的擔憂也延伸到其他層面，像是擔憂兒女的前途，因此想盡辦法逼他補習，以求取好的成績，甚至幫他們找尋工作。更有些父母擔憂子女的感情世界受到傷害，因此偷偷地窺探他們的日記、私生活，如同一個偷窺狂。更誇張的是，強迫子女依照一定的模式成長，要他們這樣、要他們那樣，全然不顧他們的自由意志和能力。

禪師說的好，與其留下金山銀山的遺產，不如積德給兒孫，其餘就尊重他們的意志，隨著他們自由發展，規劃生涯藍圖，創造自己的美好前程，不必對兒孫有太多掛礙憂心，如此不但減輕了兒孫的

壓力，父母的身心也才不會侷限在兒孫的身上，更能過屬於自己的生活。畢竟，人生難得啊！何須牽掛太多，兒孫自然有屬於他們的福氣。

智慧小語

每個人生來都有自身的禍福和試煉，均需由自己承受，關心兒孫本屬天性，然而，某方面來說卻是徒增人生的掛礙罷了！

21 會選的選兒郎，不會選的選家當

唐代詩人白居易的詩中有首議論了婚姻，末幾句為：「四座且勿飲，聽我歌兩途：富家女易嫁，嫁早輕其夫。貧家女難嫁，嫁晚孝於姑。聞君欲娶婦，娶婦意何如？」白居易藉著詩歌表面上問讀者，假設眼前有兩個女子讓你選作妻子，一個是嫁妝滿車的富家女，早嫁後以藐視的態度輕忽其夫；一個是貧窮的女子，晚嫁後非常孝順公婆，如果要娶妻，你會選擇哪位呢？骨子裡，詩人諷刺著世間大多數人都嫌貧愛富的心理，就連嫁娶這等重要大事，也是以對方的富有與否為標準，孰不知，選妻應該是以選德為主，富貴與否不應是選擇的標準。詩歌透露的人生道理，和所選的俗語可說十分接近。把角色對換，現在由女性來選擇郎君，聰明的人應該要選擇郎君是否有好的德性和能力，絕對不會因家當和財力而嫁給對方。

當然俗語中會選和不會選的人仍同時存在世上，如今還有許多端看財利與否便嫁給對方的案例，她們婚後不幸福，也就不必訝異了！本來，婚姻大事怎麼能如此兒戲，光靠家當財富等身家背景就下嫁或迎娶，假設對方沒有賺錢的能力，僅是靠家族的產業，某天家產敗光了，不就要窮苦一輩子，永世不得翻身；況且，諸多的貴公子或大小姐都擁有異於常人的脾氣，此刻縱使身陷金銀珠寶的包圍，

心理上卻得遭受極大的壓力，這樣的生活似乎沒有比較好過。只是，若有人希望這樣過一生，那麼只能夠尊重對方罷了！

智慧小語

以「金銀財寶」作爲品論他人標準的人，實際上，是這世上最愚蠢的人，不了解人間最有價值的東西是良心和德行。

22 斷弦猶可續，心去最難留

若曾在人群中打滾，絕對會發現人心是最難掌握的。人的心思猶如難以捉摸的風一般，猜不透下一步的方向；也像是梅雨季節，有時突然下起大雨，天空卻高掛著太陽。人心不僅是捉摸不定，更是無法挽留。當對方鐵了心腸，不顧和你有任何的瓜葛，縱使千呼萬喚，掏心挖肺，依舊喚不回對方的身影，得不到任何的回應。對於這樣的情況，俗語用「斷弦猶可續，心去最難留」來形容。確實，弦樂器斷了弦，只要請師父加工修補，斷弦也就可續回；然而，心若是不愛了，不管如何委曲求全，都無法挽回，這是改變不了的事實。

其實，相愛或婚配都是自然發生，相同的，不愛了也屬自然的事，並沒有誰對誰錯的問題，因此，何必難過地感嘆「心去最難留」呢？若不斷地說著心去最難留，唯一的可能是還愛著對方，不忍放手。若是眞的這樣想，最痛苦的並不是那個離開的心，而是留在原地依依不捨的心。有句俗語說的好：「好聚好散」，有緣自然相聚，無緣也要笑著祝福對方遠走，縱然仍有依戀，也不該挽留對方，這只是徒增自己的痛苦罷了！哀嘆心去最難留，不如學著如何放手。

智慧小語

世上諸多事物都可如斷弦般再續，只有人心如斷了線的風箏，離開後便不再回來，因此，不如瀟脫地祝福對方高飛，自己的心也比較好過，不是嗎？

23 不孝有三，無後為大

中國人非常重視孝道，如孔子在《論語》中不只一次提到孝和孝道，並且因人而異地說明孝的內涵；孟子也在他的著作《孟子》中提出「不孝有三，無後為大」的話，這段話同樣流傳了幾千年。

什麼叫不孝有三呢？根據知名學者趙岐的說法，認為：「於禮有不孝者三事：謂阿意曲從，陷親不義，一不孝也；家窮親老，不為祿仕，二不孝也；不娶無子，絕先祖祀，三不孝也。」在這三件事中以「無後」為大，由此可知無後有多麼不孝，這反映了中國人非常重視家庭倫理和子嗣的延續。

「無後」真的有那麼的嚴重嗎？若就古人（有著傳統思維的人也是如此）的觀點來說是的。對他們而言，子嗣代表的不僅是香火的延續，也是血脈的流傳，有許多人辛苦一生，就是背負父母親的期許，除了興盛家族事業，更重要的是將它們交給下一代，代代相傳；因此，假使沒了後代，事業和血脈恐怕從此斷了，無怪乎要說「不孝有三，無後為大」。然而，古代沒有不孕症者嗎？況且，誰敢保證生的一定是男孩，對此，古人有了諸多變通的方法，例如招贅，就是一種延續香火的方式。

就某些人來說，有沒有後代已經不是那麼地重要，但不可否認地，這樣血脈相傳有它存在的價值，從某個角度來說，這個觀點可說是人類文明能夠延續和興盛的關鍵，沒有延續後代的動力，有時文明的足跡恐怕只能停留在某個階段罷了！

智慧小語

不孝有三，或許以無後爲大，然而有時候教育、養育比生育更爲重要，若只生不養、不教的話，對社會而言是更大的負擔。

24 貧賤之交不能忘，糟糠之妻不下堂

史書記載，漢光武帝劉秀的姐姐湖陽長公主剛剛守寡。有天，劉秀和她一起評論眾多群臣時，暗中察覺到對方的心意，打算幫對方作媒，聊了一會兒，湖陽公主忽然欽佩地說：「大司空宋弘具有威儀容貌和道德氣度，朝中群臣沒人能比的上。」漢光武帝聽了點點頭，回說：「我也正在考慮這件事。」不久後，宋弘被劉秀引見，劉秀讓公主坐在屏風後面聽聞對答，好避免尷尬，接著問：「俗語說的好『貴易交，富易妻』，此乃符合人之常情吧？」宋弘心知劉秀的用意，所以神情嚴肅地回答：「貧賤之交不可忘，糟糠之妻不下堂。」劉秀聽了，只好回頭向公主說：「這事無法辦成了！」

上述即是此俗語的由來，意思是貧賤時所交的朋友，飛黃騰達後，也絕不可忘記；同樣地，和自己長年同甘共苦的妻子，縱使富貴榮華了，也不該拋棄。所謂的「糟」是釀酒後的米，也就是酒渣。糟糠是種粗糙的食品，故糟糠之妻是指共同吃過苦的妻子。俗語乃是勸勉人們應該懂得感恩，不可拋棄那些曾經陪你同甘共苦的親友。其實看過你最糟糕卑賤樣子，卻還願意爲伍者，才是眞正對你不離不棄的人。同理，倘若有天功成名就，也不該鄙棄對方啊！

令人感嘆的是，雖然歷史上出現過劉秀和宋弘等表彰，大多數的人都還是向名利看齊，諸如陳世

美般攀附權貴，不放過任何利用姻緣幫助自己向上爬升的機會，所以眞正能做到不忘糟糠之妻者，實屬少之又少，或許，僅有史書的典範罷了！

智慧小語

糟糠吃久了，也可以吃出獨特的風味；再者，山珍海味也沒有比較可口，吃多了還容易生病。

25 樹高千丈，落葉歸根

在自然生態中，除了某些四季常綠的物種樹木外，大多每逢秋冬，樹葉就開始枯黃凋落。這些落葉飄零至地面後，逐漸腐爛，並且滲入土壤中，接著被根部吸收，成了養份。這套自然的循環，在人們的眼中呈現出另類的人生道理，被稱之「落葉歸根」。即是大樹雖然長得高，身上的枯葉最後仍落回樹根，如同人年少時遠離故鄉，年老後一心想回鄉定居，安享晚年。此俗語道出人不忘本和懷鄉念舊的心情。

「告老還鄉」，是種自然的情感。對大多數人來說，故鄉是培育自己的地方，藏著多少的青春成長記憶；長大後，雖逼不得已爲了前途遠離它，等到自己不再需要爲現實打拚的時候，心中自然又懷念起這塊園地。或許會發生「少小離鄉老大回，鄉音無改鬢毛衰。兒童相見不相識，笑問客從何處來」的情況，卻不能阻擋漂泊者想回鄉的衝動。但對那些欲「落葉歸根」者來說，家鄉代表著安定，不再需要奔走流浪，能在那裡緬懷人生一路走來的過去總總，也算是幸福，畢竟還有人終其一生，始終帶著濃厚的鄉愁，遺憾著落葉未能歸根。

可能對年少者而言，並無法體會落葉歸根的心情，然而，這樣的感觸絕對會在晚年的時候興起，那時將明白原來家鄉離自己是那麼地遙遠，是如此地遙不可及。

智慧小語

落葉都知道歸根，鮭魚也曉得回溯，身爲萬物之靈的人類當然也會有思鄉的心情，只是大多數的人被現實壓到沒有時間去回想罷了！

26 近水樓臺先得月，向陽花木易爲春

宋俞文豹《清夜錄》記載，宋朝范仲淹擔任杭州知州時，曾替幾位部屬寫過推薦信，幫他們獲得很好的升遷。當時有個在外縣擔任小官的蘇麟自認很有才能，卻苦無施展的機會，因此獻了一首詩給范仲淹。詩中說到，靠近水邊的樓臺本該能看見水面月亮的倒影，向陽的花木應該最早散發春天般欣欣向榮的風貌，這些都是自然之理。蘇麟寫這樣的詩歌，是向范仲淹暗示自己離他如此近，自然不該被漠視啊！爲何他遲遲不向上層推薦他呢？

蘇麟的這兩句詩確實很有形象性，讓人容易明白所指的意涵，其中「近水樓臺先得月」更是佳句，被廣用在追求愛情方面。雖然近水樓臺可以先得月，卻不能保證絕對可以獲得月亮的垂青，有時候機緣和實力比距離更爲重要，所以還是先問問自己是否已做好準備吧！

智慧小語

近水樓臺處，縱使看得到月亮也無法撈起，畢竟所看到的僅是鏡花水月。

Part3
▸▸ 處世交友篇

1 遠親不如近鄰

隨著社會演進，家庭的組織也有明顯的改變。幾代同居的大家庭漸少，親戚間的互動不如以往，獨居老人的問題更是浮上檯面。其實，對子女都不在身邊的獨居者而言，如果遇到什麼困難或者突發事件，與其找遠方親戚幫忙，還不如向左鄰右舍求助。

從古時候的「孟母三遷」到「百萬買房，千萬買鄰」的哲學，無不在彰顯「善鄰」的可貴。過去，人們共同住在一個院子裡，每家每戶都很熟悉，無論哪家需要人手，大家都能主動幫忙。然而，在現代公寓大廈的鋼筋叢林中，鄰里關係越來越薄弱，其實有時候不妨主動給個微笑和問候，相信就能拉近彼此的距離。

智慧小語

親戚關係再好，如果遠隔千山萬水，當你遇到挫折，也難以幫助你；而鄰居則可以隨時施以援手。孝順的女兒不如媳，也是這個道理。

2 千里送鵝毛，禮輕情意重

唐代貞觀年間，西域回紇國王派使節緬伯高將一隻稀有的白天鵝作爲貢品，獻給唐太宗，以示友好。緬伯高一路不辭辛苦，匆匆趕路。經過湖北沔陽時，他見湖水清澈，就想給天鵝洗個澡。誰知天鵝一出籠子，就振翅高飛，無影無蹤。緬伯高嚇得呆若木雞，痛哭了一場。這時他看見地上有幾根潔白的天鵝羽毛。他靈機一動，撿起那些羽毛，繼續上路。到了長安，各地使臣紛紛獻上稀有的貢品，只有緬伯高呈上幾根羽毛，皇帝和大臣們一看都嚇了一跳。緬伯高就唱了一首歌：「將鵝送唐朝，山高路遠遙；沔陽湖失去，倒地哭號號；上覆唐天子，可饒緬伯高；禮輕人意重，千里送鵝毛。」唐太宗被誠意所打動，不但沒有怪罪，還給了他許多賞賜。因此，送人禮物時，最重要的是其中蘊藏的情意深淺。

智慧小語

送禮，實際上送的是一份情誼，只要情意真誠，便是無價。

3 不怕沒好事，就怕沒好人

明朝大將袁崇煥的冤案眾所周知。袁崇煥的死，一方面暴露了明末政治的腐敗和黑暗，另一方面也再次驗證老百姓這句口頭禪：「不怕沒好事，就怕沒好人」。崇禎皇帝固然是剛愎多疑，但要是沒有禮部尚書溫體仁和吏部尚書王永光一夥「陽托嚴正之名，陰行媢嫉之私」，羅織誣證，崇禎皇帝似乎還下不了這個決心。其實，中國封建的歷代君主，包括那些所謂的「明君」，沒有不多疑的，只不過表現不同罷了。比如，唐德宗就是一個十分多疑的皇帝。吐蕃行使反間計，朝中佞臣也散佈謠言，誘使他懷疑平定吐蕃叛亂的名將李晟、馬燧叛亂，逼得李馬俱生去意。這時剛任宰相的李泌領著他倆晉見德宗，勸諫皇帝不要誤信讒言，萬一被小人蒙蔽而迫害功臣，恐怕那些在外手握兵權的將領們都會人人自危，最後被逼得謀反，到時候國家必定發生變故。於是德宗恍然大悟，恢復了對李晟、馬燧的信任。

古人說：「一言可以興邦，一言可以喪邦。」歷史上很多事件都是由一些不那麼知名的「小人物」改寫。在現實生活中，同樣要提防一些故意暗中使壞的「小人」。他們會在你毫無知覺的時候，記下你的言行，添油加醋地向上司報告。若是上司不夠賢明，久而久之這種人就會被視為有才能的人，甚至被拔擢提升。現實生活中總是少不了這樣的人，也少不了容易聽信讒言的主管。因爲這種小人並不僅僅會打小報告，還會玩弄手段，挑撥離間，堅信「順我者昌，逆我者亡」的哲學。所以儘管人人都知道他是小人，但這種人周圍卻有更多的狐朋狗友，彼此結黨營私，危害更大。要是不幸身處這樣的環境下，只有張大眼睛，自求多福了。

智慧小語

人其實是一種膽小的動物。做好事時，一個人得意洋洋；做壞事時，不敢一個人放膽地幹，必要呼朋引伴，找個名目，這才安心不以爲意地做壞事啊！人，要懂得分辨利弊得失，不隨人起舞，小心做了他人的棋子。

4 人情似把鋸，你有來，我有去

人情多變，有許多的俗語便用來形容人情的善變，其中「人情似把鋸」更是以具體的事物形容人情。鋸子是鋸樹的器具，一般來說需要兩邊拉力，才能移動，而人情也是這樣的道理，要有來才有去。

把人情比喻成鋸子，或許太過現實，似乎強調人情的往來是以利益爲基礎，若沒有你來我往的輸送，也就斷了聯繫。只是，一廂情願的交往也未免太過自作多情，正如當你推心置腹地和對方往來，卻發現對方冷冷回應，叫人如何繼續維持兩人的情誼呢？因此可見，俗語明確道出世間人們交往的常規。當你和他人交往之際，察覺對方根本無意與你爲友，就別再熱臉貼冷屁股，畢竟有來有往才是人情的常道。

智慧小語

當你問他人爲你付出多少時，請先問問自己又替對方做了多少事。當你抱怨人情太過冷淡之際，先想想自己是否就是這樣的冷淡之人。

5 出門看天色，進門看眼色

古人言：「出門看天色」，一方面道出出門就只能靠老天的臉色決定情況好壞，一方面則提醒行人出門前先看看天色，以便防患未然。這樣的道理其實也適用於人際相處，所謂人在屋簷下，不得不低頭，來到他人家中，也得先看屋主臉色，發現屋主眉頭深鎖，最好謹言愼行，避免成爲對方遷怒下的砲灰，這就是「進門看臉色」。

「出門看天色，進門看臉色」，表面上看似卑微，其意並非要人做個僞善者，逢迎拍馬，而是教人在混亂的局勢中，學會保護自己。畢竟，懂得察言觀色，才是明哲保身之道，符合「識時務者爲俊傑」的圭臬，避免陷入無謂的風雨中，弄了一身濕。

智慧小語

人在生活中，四處充滿著臉色，在公司得看老闆或上司，回家得看老婆或家人的臉色，雖然不見得要討他人歡心，但懂得察言觀色，才是保護自己不受傷害的上策。

6 吃人一口，報人一斗

吃別人一口飯，為何要回報一斗米，以對等的立場來看，不是太不合理。然而，俗語意在表達：受他人恩惠，除了要知恩圖報外，還要進一步回報更多，以感謝當時對方伸手援助。有人說這句話反映出利害關係的因果報償原則，吃了別人的就應該回報；其實，倒不如說：人類本來就該互相幫忙，更何況是對有恩於我的人呢！

「感恩啊」，這是最近爆紅的話，我想不應該只是口頭上說說，若行有餘力之際，應該找機會回報自己的恩人。或許，當時的你沒有能力可以回報更多，我想對方也不會計較，畢竟，願意幫助他人的好心人，是不會計較這些小事的，況且重點在於你是否有顆助人的心。

智慧小語

世上有些人絕不讓人吃一口飯，卻要別人回一斗米，對於這樣自私的人最好敬而遠之，以免惹禍上身。

7 良言一句三冬暖，惡語傷人六月寒

說話是那麼平常的事，因此出口的話語常常像微風般，過耳即逝，少有人仔細思索其中的涵義。實際上，旁人有意或無意的一句話，有時可能正中聽者的心坎，使人有所啓示，或令人深深感動。這說明簡單的言語往往能產生極大的力量。當然話也有好壞之分，良言猶如寒冬裡的暖爐，趕走了寒氣，彷彿春天提早來臨；反之，惡語卻能帶來陣陣刺骨寒意，直是凍傷人心。

由此可見，本文這兩句俗語正是以極貼切的意象比喻語言的影響力，它在民間使用頗廣，小說和戲曲都曾出現變體，如《西廂記》中第三本第二折：「別人行甜言蜜語三冬暖，我跟前惡語傷人六月寒。」又如《增廣賢文》：「好言一句三冬暖，話不投機六月寒。」雖然用字不同，精神卻相同。不可否認，語言擁有強大的力量，正因如此，如何因時說出適宜的話語，正考驗每個人的EQ和智慧。

智慧小語

刺心的話，常常使人終身憤恨不忘；而感人之語，卻能使人一生奉行不懈。

8 知音說與知音聽，不是知音莫與彈

《列子》記載了一個關於音樂的故事。故事的大意是：有位俞伯牙善於彈琴，另有一鍾子期善於鑑賞音樂。當伯牙彈奏表現高山的樂曲，子期便說：「多麼好啊，你的心志就像巍峨的泰山！」又當伯牙彈奏表現流水的樂曲，子期又說：「多麼棒啊，你的心志就像奔騰的江河！」無論伯牙彈奏什麼，鍾子期都能聽出音樂中所寄託的思想感情。有天，伯牙和鍾子期到泰山的南邊遊覽，突然碰上暴風驟雨，只好到岩石下面避雨。這時，伯牙心感悲涼，彈起琴來。先彈了一首名爲「霖雨」的樂曲，後又奏了一首名叫「崩山」的曲子。只要音樂一響，鍾子期便立即說出樂曲的深意。最後伯牙放下琴說：「你聽音樂的能力眞是高呀，把我心中想說的話都說盡了。」這就是歷史上有名的「知音」典故。

相傳，鍾子期死後，伯牙來到他的墓前，淚流滿面，說著：「從此知音絕矣！」接著將琴摔向墓碑的磐石。這段情節，表現出伯牙對知音的重視。俗語所傳達的精神亦同此情節。只有知音之間能互相理解，假使不是知音的話，也用不著彈奏一曲，畢竟對方將會如鴨子聽雷般呆傻，全然不知箇中的滋味和美妙，彈奏也僅是白費功夫。總之，好的事物就獻給懂得欣賞的人，別胡亂獻技，否則只是自討沒趣。

智慧小語

千萬別在非知音者面前表現出自己的才情，因爲縱使你彈斷了弦，對方也聽不出任何弦外之音。

9 金憑火煉便知色，人與財交方知心

所謂「眞金不怕火煉」，因此想要知道此物是否爲眞金，最好的方式就是以火來試煉，如果能夠通過火的試煉，就是眞正的金子，相反的，不能通過者就是仿冒品。這樣的法則也適用於朋友。如果想知道對方和你是否眞心交往，最好的方式就是以錢財來考驗。若對方和你交往只是貪圖錢財，有天家道中落，這位朋友想必對你敬而遠之。

司馬遷在《史記．孟嘗君列傳》中描述孟嘗君和馮驩的故事。孟嘗君在薛，食客無數天下之士皆投效之。然而，好景不常，自齊王毀廢孟嘗君，諸客皆去。孟嘗君嘆曰：「文常好客，遇客無所敢失，食客三千有餘人，先生所知也。客見文一日廢，皆背文而去，莫顧文者。今賴先生得復其位，客亦有何面目復見文乎？如復見文者，必唾其面而大辱之。」不久馮驩結轡下拜。孟嘗君下車接之，曰：「先生爲客謝乎？」馮驩曰：「非爲客謝也，爲君之言失。夫物有必至，事有固然，君知之乎？」孟嘗君曰：「愚不知所謂也。」曰：「生者必有死，物之必至也；富貴多士，貧賤寡友，事之固然也。」

上面節錄孟嘗君的故事，其中馮驩所言「富貴多士，貧賤寡友」，正是道出俗語後一句「人與財交

方知心」的道理。由此可見，富貴與否眞是考驗人心最好的方法，只是不曉得世間有多少人可以通過這項考驗。

智慧小語

錢財雖然是身外之物，世界上卻有太多嫌貧愛富者，如何洞悉這些人的醜陋面貌，就得靠各位看官們的睿智。

10 跟著好人學好人，跟著獅虎學咬人

孟母三遷是個耳熟能詳的故事，故事中，孟母爲了替孟子找個最合適的學習場所，一共搬了三次家，而孟母爲何要如此費心地屢次搬家呢？這是因她明白學習環境的影響力和重要性。

常人年幼時，人格的發展尚未成熟，無法分辨事情的好與壞，大多數都只能單純地吸收眼前所看到的事物和行爲，建立自己的價值觀和行爲準則。倘若眼下是個不好的示範，他們同樣也會仿效和學習，縱使錯了也不自知。俗語要傳達的也正是這樣的思想——跟著好人，便會學著如何當個好人，假如跟著獅虎，相信就只懂得如何咬人。

因此，千萬別輕忽環境對人的影響力。重視學習環境，是養成教育的第一步。

智慧小語

身教大於言教，除了學習環境，教育孩子時，以身作則也十分重要。

11 擊石成火，激人成禍

擊石成火，是個自然界的道理，這項道理在世俗人的眼中，卻延伸出激人成禍的聯想。激人成禍指的是，若是激怒他人，將產生一連串的災禍。

或許有人會問：「擊石成火怎麼會有災？」假設某個人在森林中踏青，無聊之際，一路隨手丟著石頭，沒想到丟得太大力，石頭擦出了火花，火花墜落在一旁的乾草上，乾草因此燃燒起來，當然也就釀成災禍。同樣的道理也適用於人。某人若是閒來無事，就想鬧著他人玩，一不小心玩過頭，激怒了他人，此人當場怒氣猛發，猶如一座火山陸續噴發岩漿，後果想必是不堪設想。而俗語正是告訴我們，千萬別當個窮極無聊者，小心激人成禍。

智慧小語

別輕忽了惹毛他人的後果，有時伴隨而來的災禍並非你能夠承受的。

12 擺渡擺到江邊，造塔造到塔尖

做事要有始有終，不能半途而廢。若是當個擺渡的船家，送船客就得送到江邊；若是當個造塔的建築家，造塔也得造到塔的尖端，換句話說，若眞的有心，何不送佛送上西天。

然而，什麼叫做幫人幫到底呢？有幫忙不就是好事，還要區分有沒有幫到底？其實，既然選擇幫助他人，就必須存著幫到底的決心，不可以半途放棄，否則難保對方不會因爲你的抽手，落入更艱難的處境；若是這樣，乾脆一開始別給對方希望的好，那種失去依靠的傷痛，比未曾有過幫助來得更痛。因此若眞正決定幫助對方，請存著陪對方度過困境的念頭，如此才算眞正有益於他人。

智慧小語

幫手並不是那麼容易當的，若眞的想幫助他人，請在伸手前仔細思量自己的能耐，是否可以陪對方走完全程，否則半途棄船逃跑，恐怕會害人死得更快啊！

13 二人同心，其利斷金

——《易經・系辭上》

兩個人若能同心協力，其力量鋒利無比，甚至可以把金屬截斷。

有一個寓言故事就談到團結的重要：一個老獵人快死了，他知道三個兒子不和，死後一定會分家，於是把他們都召到床前，給他們每人一支箭，吩咐他們把箭折斷，兒子們雖然莫名其妙，但還是按照他的吩咐，輕而易舉地折斷了箭。於是老獵人又給了他們一把箭，叫他們折斷，三個兒子輪番上陣，卻沒人折得斷這把箭，這時大家都明白了父親的意思，從此團結起來。其實團結才能凝聚力量，同心協力才能其利斷金。

智慧小語

團結一心，說起來簡單，卻最難做到。良好的溝通，合理的制度才能讓人同心同德。

14 英雄所見略同

——（晉）陳壽《三國志・蜀書・龐統傳》

三國時劉備對謀士龐統說，他當年因爲形勢所迫，前往江東，落入周瑜的手裡。周瑜想藉機把他除掉，而諸葛亮也猜到了周瑜的想法，因此竭力勸諫劉備不要去。劉備因而有所感，原來天下智謀之士，想法都相差不大。這句話後來常用來讚嘆雙方意見的不謀而合。

在三國演義故事中，周瑜臨死之前感嘆：「既生瑜，何生亮！」他跟諸葛亮鬥了一輩子心眼，總是以失敗告終。雖然和諸葛亮相比稍遜一籌，但周瑜的聰明才智還是超乎尋常的。當時吳蜀準備聯手對付強大的曹操，卻苦無良策，把周瑜急出了病。諸葛亮前去探望他，一看就知道他爲什麼生病，於是兩個人相約把想到的計策分別寫在自己手上，同時讓對方看。結果一揭曉答案，兩人同時大笑不止。原來兩隻手上都寫了一個「火」字，兩人都想到了火攻。這確實稱得上是「英雄所見略同」了。

凡是英雄人物，都是聰明睿智、眼光長遠的人，他們看問題的角度、分析問題的方法大致相同，無怪乎會得出相近的結論，也產生所謂惺惺相惜的情感。

智慧小語

獨具慧眼的人，自然能看到事物唯一的眞相，所以英雄做事，往往大同小異；同理，平庸者也會不約而同地犯同樣的錯誤。

15 鷸蚌相爭，漁翁得利

——《戰國策・燕策二》

戰國時，趙國打算進攻燕國，縱橫家蘇秦的弟弟蘇代受燕王之託，前往遊說阻止趙惠文王出兵。他見到趙惠文王後，先不提兩國交戰之事，而對趙惠文王講了一個故事：某次他路經易水，看見有一隻河蚌打開了蚌殼，在河邊曬太陽，突然間飛來一隻鷸鳥，伸出長嘴要啄食河蚌的肉，河蚌立刻用力合上殼夾住鷸鳥的嘴。鷸鳥說：「沒關係，只要今天不下雨，明天不下雨，你就等著被曬死、渴死吧。」蚌也回道：「我就這麼夾住你的嘴，今天不放開你，明天不放開你，你就等著餓死吧。」兩者僵持不下，誰都不肯退讓。這時一個漁翁路過，便輕鬆地把牠們都捉回家。蘇代把趙國、燕國比作鷸、蚌，把秦國比作漁翁，警示趙惠文王，如果燕、趙打起來，秦國就會趁他們兩敗俱傷之時坐收漁翁之利。趙惠文王聽了蘇代的勸說，就放棄攻打燕國的計劃。

如今這句話常用來比喻雙方僵持不下，兩敗俱傷，而使第三者坐享其利的情形。因此，做事情時要看清形勢，別為了一點私利或一時之氣與人針鋒相對，鬥得你死我活，兩敗俱傷，最後往往讓第三者得到好處。唯有懂得互惠互利，多替對方著想，才能獲得雙贏的結果。

智慧小語

只看眼前利益，就看不到長遠，估計不到接下來的變化，而還自以爲是漁翁，結果往往成了互相爭鬥的鷸蚌。只有時時檢視自己的目光，維持眼界的廣闊。

16 子係中山狼，得志便猖狂

——（清）曹雪芹《紅樓夢》第五回

戰國時期，東郭先生在中山遇到一隻被獵人追捕受傷的狼，中山狼苦苦哀求東郭先生救牠一命，善良又迂腐的東郭先生頓生惻隱之心，讓狼躲進書囊，並用謊言引開追捕的獵人。中山狼脫身之後，不但不表示感激，反而想吃了東郭先生。後來幸虧一位杖藜老人相助，把狼又騙到了書囊中，東郭先生最後親自把這條忘恩負義的中山狼打死。後來，人們便用「中山狼」一詞來比喻忘恩負義之人。而「子係中山狼，得志便猖狂」這兩句話則出自《紅樓夢》第五回，暗喻了迎春的命運，把她的丈夫比作「中山狼」，賈家還沒衰敗的時候拚命巴結，等到賈家衰落，就把迎春迫害至死。這句話用來警示人們要擦亮眼睛，幫助弱者固然是美德，但也要看清楚對方究竟是值得幫助的弱者，還是包藏禍心的中山狼。濫用同情心，將會爲自己帶來危害。

智慧小語

狼本是忘恩負義之輩，既然解救了牠，就要作好被反咬一口的準備。

17 說到曹操，曹操就到

《三國演義》中有段情節描述討伐董卓的聯軍，當時由曹操發起，聯合各個諸侯王，並由袁紹擔任聯軍總司令。某天，袁紹和袁術提早到了約定的地點——虎牢關，接著，韓馥、孫堅、孔融等人也陸陸續續來到，只未見曹操的身影，袁紹等得有些不耐煩了！便問弟弟袁術曹操爲何未到，袁術回說可能昨天多喝了幾杯，宿醉未醒。袁紹聽了頗爲火大，就大批曹操的不是，誰知道，他還沒罵完，曹操就現身了。於是後來就有了「說到曹操，曹操就到」這句俗語，意思是剛提到某人的名字，對方就湊巧地出現。所以，做人還是別太過八卦，小心想要說他人的閒言閒語時，此人恰好隨著閒語出現，眞的是說曹操，曹操也就到了。這樣只是平白讓自己陷入不知所措的場面。

智慧小語

想說他人的壞話或閒話前，可要先做好被對方聽見的準備。

18 浪子回頭金不換

晉朝的周處年輕時氣力過人，又因爲父親早死，無人管教，常與人打架鬥毆，滋擾鄉鄰。當時長橋下有條大蛟，南山有隻白額虎，同時危害百姓，於是人們就把周處跟這兩隻猛獸並稱「三害」。後來有人出主意，叫周處跟蛟龍、猛虎比試比試，於是周處就入山射虎，接著又下河斬蛟，過了三天三夜都沒有浮上來。人們以爲他已經死了，十分高興，紛紛奔相走告說三害已除。這時周處突然回來了，發現人們竟爲了他的死訊大肆慶祝，才明白鄉親們對自己的憎恨已經遠遠超過了惡蛟和猛虎，於是心生悔改之意。他向當時有名的學者陸機、陸雲兩兄弟拜師學習，說明自己想改過的決心，但又害怕年紀大了，最終也不會有所成就。陸雲就對他說：「古人說：『朝聞道，夕死可矣。』何況你年紀並不大，前程還很遠大。」此後，周處就立志改過，努力求學，終於成爲晉朝一代名臣，戰死疆場以身殉國。

其實世上沒有什麼歧路不能回頭。「放下屠刀，立地成佛」，罪惡深重的人只要悔過都還能再做一個好人。而走上邪路的人，嚐盡誘惑的甜美滋味，要想堅定心志、回到正途，實在是十分艱難的事，由此更顯浪子回頭的可貴。因此，對於回頭浪子應該多一些接納與包容，切勿將他們再推回老路。

智慧小語

經歷過繁華，才知道淳樸的可貴；體驗過誘惑，也才能抵抗魔鬼的召喚。浪子回頭，是因爲終於明白了自己想要的是什麼。

19 不打不相識

《三國演義》中，關羽和黃忠曾經兩次交手。第一次兩人正鬥得難解難分之時，黃忠突然馬失前蹄，摔到了地上，關羽沒有趁人之危，反而放走了黃忠。第二次交戰時，黃忠念及關羽的不殺之德，用箭射中關羽頭上的盔纓，以德報德。後來兩個人也成為忘年之交。

生活中總會與別人產生各種矛盾，有的時候甚至會導致誓不兩立的對立衝突，可是人性的奇妙之處便在於：經過不斷的鬥爭，兩者之間往往會碰撞出更深入的瞭解，從而生出惺惺相惜的感情，不但化解了矛盾，甚至有可能成為知己之交。因此與人交往時，應懂得化干戈為玉帛，如此才能結交到更多知己朋友，建立良好的人際關係。

智慧小語

人的氣度、品格在戰爭中才能見分曉，因此最好的敵人，也可能成為最好的朋友。

20 遠水解不了近渴

《莊子》裡記載了這樣一個寓言故事：莊子家裡很清貧，有天米缸空了，只好去找監河侯借糧。監河侯不想借米，卻故作慷慨地說：「等我收了租稅後，一定借你三百金。」莊子聽了很生氣，就講了一個故事，他說：「昨天我走在路上，忽然發現乾涸的車轍中有一條鮒魚，牠自稱是東海的波臣，就快要渴死了，求我給牠些水。我對牠說：『好啊，我正要到南方去見吳王和越王，我一到就請他們把西江水引過來救你。』鮒魚一聽，氣得臉色大變地說：『那時你就可以到乾魚市去找我啦！』」

當人們陷入困境，急需救助時，再慷慨的承諾都比不上適時伸一把手，哪怕只是一點點「水」，也能幫助別人度過難關。不過，「臨渴掘井」的做法也同樣不可取，唯有平時多做準備，事到臨頭才不必求助於沒有誠意幫助你的人。

智慧小語

好意，必須具有效益、具有同理心，這才是眞的好意啊！

21 以小人之心，度君子之腹

——《左傳·昭公二十八年》

這句話出自《左傳·昭公二十八年》，原文是：「原以小人之腹爲君子之心，屬厭而已。」這則典故發生在春秋時期，有一次晉國發生了一件頗有爭議的訴訟，最後呈報給晉國的主事者魏獻子來定奪。這時傳言其中一方要賄賂魏獻子，而魏獻子也可能會收賄，於是兩個朝臣決定想個辦法。一天，兩人退朝後去魏獻子家吃飯，用餐時，兩個人嘆息了三次。魏獻子問他們爲什麼嘆息，兩人說：「飯菜剛上的時候，我們擔心不夠吃；上到一半，就責備自己說，難道將軍請吃飯會不夠吃嗎？到了最後，希望您的內心如同我們的肚子，恰好飽足就可以了。」魏獻子領悟了他們的意思，謝絕了賄賂。所以，這句話的原意是勸人不要貪念過多，後來就慢慢演變爲「以小人之心，度君子之腹」了。

從這個故事裡，我們可以看到古人勸誡別人的藝術。其中沒有義正嚴辭，居高臨下的說教，而是非常自謙地以引喻來說明道理。顯然，這樣更容易被人接受，達到更好的效果。這對今天的人際關係也很有幫助。勸說別人，首先要尊重別人的想法。在生活中也有人用這句話來駁斥別人，意思是：別人的想法是小人之見，不明白自己的眞正用意。顯然，這已經不是當初這句話的初衷了。

智慧小語

起心動念都在一線之間，固然對任何事、任何人都難免要抱持著保留態度，但從不好的意念出發卻是最差的想法。

22 好借好還，再借不難

中國人非常注重誠信，想要成爲一個「君子」，講信用是最基本的條件。北宋的梁顥從小家境貧寒，他非常喜歡讀書，但又沒錢買，只好向別人借書看。一個冬天的晚上，梁顥在燈下抄書，他的叔父一覺醒來，看見他還在燈下抄書，手腳都凍得僵硬了，於是心疼地勸他早點休息。梁顥說：「這本書第二天就要還給人家，必須今晚抄完。」他的叔父說：「這家人有很多書，又不等著這本書用。」但梁顥回答道：「做人要講信用，不能因爲這點小困難就失信於人。」於是繼續抄書，第二天按照約定物歸原主。書的主人驚訝於他讀書的速度，梁顥解釋他只是連夜把書抄了下來。對方一聽，稱讚他誠實守信，並承諾梁顥隨時可以到家裡借書。經過多年的苦讀，他最後在科舉考試中高中狀元。

借別人的東西要講信用，借來的東西要愛惜，到了該還的時候要按時歸還，這樣才能獲得別人的信任，下次再借，人家也願意借給你。這是一個非常簡單的道理，可就是有人沒有遵守。據說一位中國留學生在美國準備貸款買房，銀行一查他的信用紀錄，發現他在六年前有一筆電話賬單沒付。這個人努力回憶，才想起當時因爲搬家太匆忙，沒有及時通知電話公司，所以漏掉了賬單。結果，他的貸款利率因此被提高了幾個百分點。在許多國家，人人都有一份「個人信用檔案」以備查詢。如果你有過不良的信用紀錄，比如欠款不還、開空頭支票、詐騙等，就會被記錄在案，下次再想申請貸款、保險甚至求職，都會困難重重。原先的「好借好還，再借不難」只是一種道德上的約束，如今這已經形成了社會制度上的保障。如果人人都能有一份清白的信用紀錄，那相信整個社會風氣將會得到大幅度的提升。

智慧小語

信用是每個人都有的無形寶物，不必花費一分一毫，它就能爲你的人生帶來許多財富。

23 惡人先告狀

俗話說：「鬼也怕惡人」。惡人之所以連鬼都怕，就是因爲心地陰險，善於顚倒黑白、添油加醋、挑撥離間，甚至做了壞事，爲了開脫罪責，還會搶先誣告受害者。因此，好人碰見惡人，往往還沒交手就敗下陣來。比如明神宗的女兒壽陽公主和駙馬冉興讓就碰上了這麼一個惡人，也就是公主的奶媽梁盈女。

按理說以公主的地位，怎麼會被一個奶媽制住呢？可偏偏這個梁盈女可不是等閒之輩，她大權在握，連公主想要見駙馬一面，都要先向她請示，還要拿很多錢財來賄賂她。有一次，夫妻兩人沒有經過梁盈女的同意，偷偷相聚，梁盈女得知此事後大怒，不但把冉興讓趕了出去，還把公主辱罵了一頓。第二天一早，壽陽公主打算去向母親鄭貴妃哭訴，豈料梁盈女惡人先告狀，搶先在鄭貴妃面前說了公主許多壞話，結果鄭貴妃連女兒的面都不見了。而冉興讓受辱之後，也寫了份奏章準備參奏梁盈女。誰知梁盈女的相好太監早料到這一著，糾集了幾十個大小太監在內廷等候。他們一見駙馬走來，便圍住他痛打一頓，直打得駙馬爺抱頭鼠竄。冉興讓回家後，皇帝還下了一道聖旨，將他訓斥了一番，收回蟒袍玉帶，最後把他送進國學反省數月，不准他再提此事。因此，碰上了這種「惡人先告狀」

的事，即使貴爲公主駙馬，都只能「啞巴吃黃連」啊！

惡人之所以能夠得逞，往往是因爲仲裁者只聽信惡人的一面之詞，貿然下定論。結果好人來不及申辯，只能把冤屈往肚裡吞。所以，在上位者要避免偏聽偏信，起碼要給每個人公平陳述的機會。

智慧小語

曾參殺人，三人成虎，人言爲信，可見語言的力量可教人死也可教人活啊！

24 當局者迷，旁觀者清

——（五代・後晉）《舊唐書・元行沖傳》

我們在生活中常常會有這樣的經驗：對同一件事，當事人經常無法看透其中的利弊關係，反倒是旁觀者能直指其中的關鍵。仔細想來，這倒不是旁觀者和當局者的判斷力有高下之分，而是所處的環境不同，影響到了人的觀察力。當事人身處局中，雖然可能擁有更多的直接資訊，但往往也會被過多的細節混淆，被各種利害關係或情感因素干擾。反之，旁觀者超然於利害關係之外，所做的分析和判斷反而更能客觀和準確。

因此，當局者何妨轉換一下心態，身陷問題時，不妨試著從一個旁觀者的角度來重新思考？如此，對事情的看法和認識可能就不一樣了。跳出自己所處的環境，換一個超然的心態，就好比爬到更高的山頭，原來所處的環境變成了腳下俯瞰的山丘，一切自然清晰多了。「不識廬山眞面目，只緣身在此山中」，也是對這句話最好的詮釋。

智慧小語

井中的青蛙看不見天空的壯美，唯有走出限制才能看見全景。

25 牆頭草，隨風倒

俗話說：「木秀于林，風必催之」，高大挺拔的樹木遇上颱風，不是被連根拔起，就是攔腰折斷。但牆頭草的生命力卻非常旺盛，再猛烈的風，也奈何不了它們。風朝哪邊吹，它們就向哪邊倒，柔韌的莖稈即使被吹倒了，也很快就能恢復原樣。也正因爲它們這種「不倒翁」的特質，後人就用它來比喻那些立場不堅定的騎牆派。這個比喻挺生動，可惜委屈了頑強求生的野草們。

其實，這種特性可被視爲一種自我保護的方式。不過，人活在世上，不僅僅是爲了生理層次的生存，社會意義也很重要。一個人如果完全沒有原則，終將爲人所不恥。話說回來，人的性格若太剛強執拗，也容易樹敵，到處碰壁，其中的尺度確實不好掌握啊！

智慧小語

老子說柔弱勝剛強，人人又不齒牆頭草，兩者如何取決，不若「審時度勢」而已。

26 好馬不吃回頭草

這句話源於牧民生活的觀察：好的馬匹在草原上吃草，是不會走回頭路的，因爲它們吃草時非常仔細，不會放過眼前的嫩草。這樣一路吃下去，總是沿著自己的路線一直向前，直到吃得肚大腰圓再回頭。好馬是不會東一口，西一口地隨便啃的，因此也沒有必要再回頭去找回頭草了。現在人們用這句話，通常是用以表示對以前放棄的機會，不要再去爭取，否則就是吃回頭草，顯得自己格調不夠了。

生活中很多這樣的例子。一個人從公司辭職幾個月後，發現新環境還不如原來公司好，但這時即使老公司還不放棄聯絡，他也不會考慮重新回去；熱戀的情侶因爲誤會而分手，之後雖然雙方都有些後悔，可是因爲「好馬不吃回頭草」的古訓，也就讓這一段感情這樣過去。仔細想來，爲什麼不吃回頭草呢？恐怕還是面子的問題。一般人都會有這樣的想法：如果重新回頭，豈不意味著自己以前的決定錯了？所以寧可繼續錯失機會，也不回頭。可是爲了面子而錯失機會，實在不能稱之爲明智之舉。在一片寬廣無垠的大草原上，如果到處都是嫩草，回頭確時沒有必要；但命運不會眷顧盲目浪費機會的人，而人們卻時常等到放棄後才發現，眼前的機會並不像想像中那麼多。所以，如果身後眞有嫩草，回頭又何妨！

智慧小語

下了決定能不後悔的，是第一等人，因爲他有智慧得以成功；決定錯誤了即時修正的人，是第二等人，因爲具有提得起放得下的身段；發現錯誤卻礙於他人目光，而錯得徹底的人，終究成不了大事。

27 酒逢知己千杯少，話不投機半句多

人人都渴望能夠找到知己，能夠彼此交流心中的想法。如果遇上的對象無法流暢地溝通，彼此雞同鴨講，那實在是再痛苦不過了。

與人交流，是十分重要的社會互動。找到習氣相投的人，彼此分享想法，也是一種享受。不論是相同看法的分享，還是不同意見的爭論，這種交流都豐富了自己，使得精神世界得以充實和昇華。而這種交流的基礎，是雙方有相當的理解能力和溝通禮儀。知己不見得非要能言善辯，重要的是能夠心領神會。有的人善於誇誇其談，喋喋不休，但說的大多是廢話。與他們聊天可能很熱鬧，卻難有眞正思想上的交流。如果兩方面的知識素養落差太大，那也很難成為知己。俗話說：「物以類聚，人以群分」，唯有提高自己的修養，才能和思想豐富的人成為知己，彼此把酒暢談。

智慧小語

朋友，貴在心靈的相契，不在於數量。

28 一把鑰匙開一把鎖

一把鎖，只有和它成對的鑰匙，才能輕易打開。如同這個比喻，我們常說不瞭解一個人，是因爲沒有找到開啓心鎖的鑰匙。每個人的生活經歷都不一樣，想法也不盡相同，要觸動對方，就必須努力去了解他，深究其行止背後的動機，使用外界的蠻力只是無濟於事。

世界上看似相同的事物，總是有著千差萬別，人也是一樣。對於不同的人，也應該用不同的方式交往。有的人心直口快，與他交往可以直來直去，而有的人並不善於表達，這時就要注意觀察他的神態細節，才能瞭解他眞實的想法。人與人之間的猜疑和隔閡，都是因彼此不瞭解造成，但要瞭解一個人是何等的不容易！人與人之間的交往是一門學問，對於自己看重的朋友、情人，就要多努力去瞭解，去找到打開心門的那把鑰匙。

智慧小語

做人處事，讀書學藝，都要像庖丁解牛一樣，找到它們的關鍵點就事半功倍了。

29 一人開井，千家飲水

相傳洞庭湖的小龍女，姿色豔麗，溫柔賢淑，猶如紅山茶花，惹來滇西洱海龍王的邪念，想要強行娶親。龍女寧死不從，洱海龍王惱羞成怒，將她趕到深山，不許回到水中。龍女只好趕著羊，深山放牧，過著喝山水吃野果的生活。走啊！走啊！龍女來到了彝山，發現當地遭逢旱災，野雞，野兔都死光了，彝家連下山買鹽的錢都沒有了，便下定決心拯救村民。她千辛萬苦，將汗水滴在深山泉水，再砸開了石鎖嘩嘩的鹽泉，令其流到彝山。彝山的旱情解決了，但彝家人仍沒有鹽巴可食。因此龍女又翻過九十九道崖，縱使已衣衫襤褸，仍嘗著一塊塊砂石，最後只剩一隻白羊在身邊。有回她看到那頭白羊在坡上把頭往裡拱，身子已鑽進土裡半截了，想起了白羊愛吃鹽的說法，連忙抓起一把土，塞進嘴裡，果然鹹滋滋的。終於找到鹽了。龍女高興地撲在地上，用手刨著土，刨啊，刨啊，刨出了一個很深的鹽井。許久後，彝山人擔憂龍女尚未歸來，便要青年們出門找，結果在鹽井旁，發現龍女的屍體，那頭白羊早化爲石羊。彝人而後就在石羊旁邊修蓋一座龍女廟，以示紀念。這也就是開井節的由來。

雖然小龍女開的是鹽井，俗語說的是水井，然而兩者均傳達奉獻自己爲公眾謀福利的精神。在人群中，只要多一些願意犧牲個人利益和生命好成全公眾利益的人，這個社會想必能夠美滿、和平和幸福，可惜的是眞正實踐一人開井、千家飲水精神的人，實在少之又少。

智慧小語

某方面來說，人存在的價值就是爲了創造人類美好的生活，因此，別小鼻子、小眼睛的看世界，若發現奉獻自己可以換來人們的幸福時，千萬別猶豫，勇敢地去做吧！

30 一日爲師，終生爲父

此話出自於相傳爲姜太公所著的《太公家教》，書載：「弟子事師，敬同于父，習其道也，學其言語。……忠臣無境外之交，弟子有束脩之好。一日爲師，終身爲父。」（其中的束脩是一捆十條的肉乾，後來此詞指稱老師的見面禮）。古代，師長的地位是十分崇高，縱使貴爲九五之尊的皇帝，見到老師也得行禮問好。古人敬重師長，正如韓愈在〈師說〉中說的：「師者，所以傳道、受業、解惑也。」即是老師能傳承人生之道，教授專業技能，解答各種疑惑，如此自然獲得世人的尊敬。

對世人來說，師長是個擁有眾多知識的博士，對學生來說，其義不僅於此，老師還如同他另一個父親。此話怎講？過去的學習環境不像現代，學校就在家的附近，學子爲了求學必須離鄉背井，來到學堂，父母親自然照顧不到，這時老師便扮演起兩種角色，一個是學生的師長，一個是學生的父親，協助他們學習知識和料理生活。此情況經歷許久，人們便衍生出「一日爲師，終生爲父」的俗語。其中的一日是強調，縱使向對方學習的日子十分短暫，兩人的關係仍如同父子一般，十分親密，無法切割。

隨著學習環境和觀念的改變，如今，老師的地位似乎不同以往。家長將老師當成教科書，學生將老師當成花錢請來的職員，毫無尊重可言，此一情況想必令許多老師有身份「卑微」的感嘆，然而，又能怎麼樣呢？畢竟，此刻的價值觀正是如此。

姑且不論某些師界敗類，大多老師都是用心於教育，期望可以幫助學生站穩未來的根基，這樣的心態就值得我們敬重和佩服，此「百年樹人」的職業可不是人人都可擔任的啊！

智慧小語

人不需要有兩個父親，然而對父親的敬重，也應該適用在所有的長輩身分，更何況是如此關心和照顧學子的老師。

31 狗咬呂洞賓，不識好人心

此俗語說的就是呂洞賓的故事。成仙前，他是個讀書人，因兩次科舉不中，決定遊山玩水過一生。他的有個同鄉好友苟杳，家境清苦，便和對方義結金蘭，好暗中幫助，像是故意和他妻子同房，以激烈苟杳別忘讀書的向上心。終於皇天不負苦心人，苟杳高中，當了大官，也就和呂洞賓分手上任官職。某一年夏天，呂家發生大火，呂洞賓便上門向苟杳求助，雖然對方熱情招待，卻半字不提重蓋家舍的事情。呂洞賓猜想對方大概無意幫忙，便負氣回家，誰知呂家蓋了新房，屋外卻掛了喪字，進門猛然看見自己的棺材牌位，頓時發現苟杳玩的把戲，劈開棺材發現內有金銀財寶，並附上一信，信中說道：「苟杳不是負心郎，路送金銀家蓋房。你讓我妻守空房，我讓你妻哭斷腸。」

上述就是「狗咬呂洞賓」的由來。由這則故事可發現，原來所謂的「不識好人心」，只是因為使用的方式讓對方產生誤會，並不是呂洞賓眞的被狗咬。確實，從故事的情節來看，兩人選擇幫助對方的方式都並非常道，這樣的迂迴很容易發生誤會，所幸最後也都恍然大悟，不至於傷害了眞正的友誼。同樣地，當你還沒有了解到事情的眞相時，千萬別輕易妄下定論，不然縱使有再多的好心人，可都會被你嚇跑，到時候只怕求助無門，甚至連狗都懶得咬你。

智慧小語

要判別誰是眞好心，誰是眞壞心，本來就是很困難的事，然而，所謂的日久見人心，相信只要耐心地等待，事情總會撥開雲霧見明月；太過急躁，只會打草驚蛇、擾亂己心罷了！

32 畫虎畫皮難畫骨，知人知面不知心

蒲松齡的知名小說《聊齋誌異》中有篇〈畫皮〉，文中描述一個身懷絕技的厲鬼，畫得一身好皮，當他把畫好的皮披在身上，頓時變成一個絕色女子。這天，太原王生上街，遇到一位絕色的美女，向前詢問爲何獨自夜深行走，得知對方的遭遇，便將她藏在書房，兩人同寢。此女子正是善於畫皮的厲鬼。王生貪戀美色受其誘惑，滿身皆是邪氣。路上偶遇一道士，道士立即察覺他身上的邪氣，可惜勸誡而不悟，便嘆道：「惑哉！世固有死將臨而不悟者！」王生雖然不信，回來之後發現門房深鎖，因此偷偷繞到後面，從窗戶窺探裡面的情況，這時候只見到一個獰鬼，面翠色，齒如鋸，將人皮鋪於榻上，手執著彩筆繪之。厲鬼畫好之後將筆扔擲，接著舉起人皮，如振衣般振了幾下，然後將人皮披在身上，瞬間變成那位妙齡女子。此時王生猛然醒悟，急忙求救道士，道士可憐厲鬼也苦，剛找到替身，便將自己的拂塵交給王生，掛在門上，希望警告厲鬼。這麼一耽擱未及時除之，不知悔改且憤怒的厲鬼便將王生裂腹挖心。道士得知後，趕緊追緝，最後將化身老太婆的厲鬼收服，他的人皮也脫落下來，那張人皮，眉眼手腳，樣樣都有。道士將人皮捲起，像捲畫軸般放入袋裡。而王生也在賢妻忍辱求神術後，得以死而復生。

這則故事可說是所選俗語最好的注解，光看外表是無法了解人內心的思想和善惡。人們常常被表象所迷惑，看到美女就不自覺的起了色心，見到對方的可憐樣貌就起了同情心，殊不知，這些可能是對方欺騙的伎倆。正如同，所有的繪畫都只能畫出表面的色彩，無法畫出藏在表面底下的內容物；而此道理也適用於人，知道這個人和他的面相，卻永遠無法猜透對方的心思。因此，雖然害人之心不可有，防人之心卻不可無。若沒有防備的心，小心成爲厲鬼假面下的犧牲者。

智慧小語

人心隔肚皮，人永遠無法眞正探清對方的想法，因此記得常保警覺，如此才能夠明哲保身。

33 坐山觀虎鬥

戰國時，韓國和魏國交戰一年多，還沒有罷手的意思。秦惠王打算進行調停，徵求大臣們的意見。大臣們意見分歧，秦惠王為此感到很苦惱。這時正好陳軫來到秦國，秦惠王便向他請教。對此，陳軫對秦惠王講了一個故事：春秋時，卞邑大夫卞莊子某天看見兩隻老虎，打算拔刀刺虎，管豎子在一旁看見就勸他說：『如今兩隻虎正在爭搶一頭牛，等一會必然會打起架來，到時候大的那隻老虎會受傷，小的可能就死了，那時候再去殺死牠們，豈不一箭雙雕？』卞莊子聽了覺得很有道理，就在一旁等待，最後果然如管豎子所說，兩隻老虎一死一傷，卞莊子就趁機刺死受傷的大虎，贏得了殺死兩隻老虎的聲名。陳軫用這個故事比喻當下的情勢，秦國只要等待韓魏兩敗俱傷，就可以坐享漁翁之利。秦惠王聽從了這個計謀，打消調停的想法。果然最後韓國元氣大傷，魏國瀕於滅亡，而秦國則趁機出兵，獲得最大的利益。

俗話說：「兩虎相爭，必有一傷。」趁機坐收漁人之利看似聰明，卻不是為人所敬重的行徑。雖然說兵不厭詐，戰場上難免使用這樣的策略，但對周遭的人卻不該懷有這種狡詐的心機。當別人發生糾紛時，應該先幫忙調解。假如袖手旁觀甚至幸災樂禍，終將為人所看破，到頭來倒楣的還是自己。

智慧小語

面對兩強相爭的局面，應該審時度勢，先求明哲保身，若不自量力下場參戰，恐怕落得當砲灰的下場。

34 水至清則無魚，人至察則無徒

——（漢）班固《漢書・東方朔傳》

人不能太過嚴苛，換句話說，就是做事情要通融一些，講點人情味。原則性太強的人，在現實生活中，可能會讓人覺得難以接近。例如包青天這類鐵面無私的清官，從皇帝、百姓的角度上來看，利國利民，但是這樣的人若出現在生活周遭，可能會帶給別人極大的壓力。與人交往，總會有各種例外的情況發生，要將這些意外情形處理妥當，就得憑靠圓融的處世智慧。不過，這也不是勸人完全拋棄原則，畢竟是非判斷，總有些原則標準是不容隨意違反的。只是，堅持原則之餘，也應該注意具體情況，有時候稍微變通一下，說不定會發現更好的解決辦法，要靈活地堅持原則需要更大的智慧！

智慧小語

獨善其身是好事，但如果把自己的標準強加在別人頭上，就好像硬要把每個人都壓成和自己相同的性格，只是徒增與他人的衝突，除此之外，這個社會也少了許多樂趣。

35 多個朋友多條路，多個仇人多堵牆

人生在世，多與人交朋友，少與人結仇，這個道理人人都懂。後人奉為「商聖」的胡雪巖，就把這句話視為自己的經商哲學。胡雪巖年輕時，因為擅自借用錢莊銀子去資助王有齡，結果被錢莊老闆解雇。後來王有齡做了官，有能力還貸，但胡雪巖並沒有因此洋洋得意地向錢莊老闆報復。由於宅心仁厚，這位錢莊主人後來也成為胡雪巖生意場上的朋友。

不過，選擇朋友還是應該有起碼的原則，一要正直，二要真誠，三要謹慎。若是無原則地濫交損友，只會使人深陷麻煩的漩渦，甚至被出賣陷害；至於仇人，雖然沒有最好，但也不能為了避免結仇，而喪失自己做人的原則。

智慧小語

人在社會上行走，時刻需要朋友的幫忙，和氣待人，廣結善緣，是不變的處世的準則。

36 打人別打臉，揭人別揭短

俗話說：「人有臉，樹有皮」。在多數人心中，臉是人的尊嚴所繫。打臉對人的羞辱遠勝實質的疼痛，據說大學裡發生的許多仇殺事件，都是從打臉開始的。

其實，戳戳別人的臉面，讓人碰一鼻子的灰，偶一爲之也沒什麼大不了。但凡事應該適可而止，若是戳到人家最忌諱的地方，恐怕會鬧得無法收拾。比如說曾任輔仁大學國文系主任的尹石公（炎武）先生，平常愛當面挖苦學生，有時難免失了分寸，他有次就犯了這麼一個忌諱。他課堂上有兩位學生，一位叫張學賢，一位叫楊萬章。一次，倆人作文沒作好，於是尹石公當面譏諷說：「你叫張學賢，依我看你是『學而不賢』；而你叫楊萬章，我看其實是『章而不萬』也。」這一番挖苦，分別引用了《論語．學而》和《孟子》中的典故，確實是很高雅巧妙，他對自己的即興發揮也甚爲得意。不料第二天他一進教室，這兩個學生劈頭就向他跪下，說：「我們的作文寫得不好，您可以改，學業表現不佳，您可以批評，但名字是父母親取的，您不能拿它開玩笑，這也有辱我們的父母。」尹先生一聽，驚覺大事不好，連忙道歉。但兩個學生十分認眞，又道：「我們請求您以後別來上課了。」玩笑開過了頭，最後尹先生只得辭職了事。從這個例子可以知道，對人儘量嘴下留幾分，別去招惹人家，否則傷了別人的自尊心，對自己也沒什麼好處。

智慧小語

評論事情或與人建言時，能直指痛處固然是犀利明快，但有時也要考慮對方的個性是否能接受，否則心直口快過了頭，只會鬧得不歡而散，甚至結下不必要的怨仇。

37 物以類聚，人以群分

戰國時候，齊國大夫淳于髡博學多才、能言善辯，經常用故事來婉諫齊宣王，很合齊宣王的性情。有次，齊宣王指派淳于髡舉薦人才。淳于髡一天之內，就推薦了七位賢能人士。齊宣王十分驚訝，問道：「我聽說人才難求，你一天之內就舉薦了七位賢士，那賢士豈不是太多了？」淳于髡回答說：「要知道同類的鳥兒會聚在一起飛翔，同類的野獸會聚在一起行動。我淳于髡也算是個賢士，所以我舉薦賢士，就像在黃河裡取水，在燧石中取火一樣容易。我要向您推薦的賢士，何止這七個呢！」

同聲相應，同氣相求，志同道合的人很容易走到一起，因爲同圈子的人才有共同的話題，情誼才能長久。

智慧小語

眞正的好友應該互相檢討，並不吝於彼此提醒，如此才能一同向上提升。

Part4

▸▸ 社會歷練篇

1 入國問禁，入鄉隨俗

——《禮記．曲禮上》

當今世界的趨勢是朝著全球化發展，但基本上，每個國家和民族還是多少保留著自己根深蒂固的風俗習慣。所以，人們出國前一定得先弄清那裡的禁令、禁忌，風俗習慣等，必須順從當地的風俗民情，以免惹出麻煩。

大到國家、民族，小到團隊、家庭，都有一些規定。既然到了人家的地盤，即使不能完全融入，也得表示基本的尊重；假如眞的無法接受，最好還是趕緊離開。因爲作爲一個異鄉人，面對積年累月形成的禁忌風俗，是很難改變它的。

智慧小語

人生有許多地雷區，要時時保持警覺心，避免過於隨心所欲，就能暢通無阻。

2 飛鳥盡，良弓藏；狡兔死，走狗烹

——（漢）司馬遷《史記・越王勾踐世家》

春秋時越王勾踐臥薪嘗膽，並得范蠡和文種等謀臣的幫助，終於滅了吳國。范蠡因此被封爲上將軍。然而，范蠡深諳勾踐的爲人，於是上書請辭還鄉。在齊國的時候，他寫了封信給大夫文種，勸他也離開勾踐。文種接信後，稱病不朝，有人趁機進讒，說文種想謀反，文種最後便被勾踐賜死。統治者取得勝利後，功勳卓著的功臣此時要更懂得知所進退。對於只能共患難，不能同享樂的君主，唯有急流勇退，才能夠明哲保身。

智慧小語

所謂的人脈，是經年累月建立起的無形財富；成功之後，便迫不及待除去功臣的人，只能算是功虧一簣。

3 只許州官放火，不許百姓點燈

——（宋）陸遊《老學庵筆記》卷五

《老學庵筆記》卷五中記載了這樣一個故事。一個叫田登的人當上了州官後，特別忌諱別人說到和寫到他的名字，甚至連同音字也不行，假使有人犯了這個忌諱，他一定大發脾氣。在他底下工作的人就經常爲這個事挨打，因此全州的百姓都把「燈」改叫「火」。一年正月十五日元宵節，按慣例要張燈三天，讓老百姓進入州府賞燈遊玩，於是州府的小吏就貼出一張告示：「本州依例放火三日」。人們看見之後議論紛紛，流傳下來就成了這個典故，諷刺官吏飛揚跋扈，專橫霸道，只許自己胡作非爲，卻不讓老百姓進行正當的活動。

智慧小語

權力缺乏監督，自然會生出許多匪夷所思的事情來。絕對的權力，就是絕對的腐敗，因此身處民主社會中的我們，都應該善用自己的權力，盡到監督政治的責任。

4 螳螂捕蟬，黃雀在後

——（漢）劉向《說苑．正諫》

《說苑．正諫》中寫道：「園中有樹，其上有蟬。蟬高居想鳴飲露，不知螳螂在其後也。螳螂委身由附，欲取蟬而不知黃雀在其後也。」整段詩文用以描述螳螂專心於眼前的美食，以爲勝券在握，卻沒發現背後虎視眈眈的黃雀，身處危險卻不自知。

在現實生活中，危險無處不在，並且往往隱藏在不易察覺的角落裡。當人們打著自己的如意算盤時，經常忽略了背後潛藏的危險。正如這句話中的螳螂，只顧眼前的利益而沒有察覺自己身後的禍患。這個寓言也常用來比喻那些一心算計別人，卻不知自己也落入他人算計中的人。所謂利令智昏，只有擺脫了自身狹隘的貪欲，才能夠保持頭腦的清醒，站得更高，望得更遠，清楚地覺察出自身所處的境地和周遭的危險。

智慧小語

一山還有一山高，權勢機心的操弄一不小心，就是萬丈深淵。

5 道高一尺，魔高一丈

——（明）吳承恩《西遊記》第五十回

此句出自《西遊記》第五十回，該篇說的是唐三藏師徒一行來到金峴山金峴洞時，豬八戒因天冷拿了洞內三件錦裘禦寒，結果中了妖法被妖魔抓走的故事。這句話的原意是說人在修煉過程中，每前進一步，就要戰勝自己心中的種種欲念，最後才能修成正果。後來也常用來指不論任何正義的事，都有與之對抗的阻力，必須一一予以戰勝。比如，人類與各種疾病的鬥爭，從古至今從來沒有停止過。在二十世紀中期以前，人們一但感染了肺結核，就只有靜靜等待死神的降臨，但青黴素的發明改變了這種局面。然而時間一久，病菌也逐漸產生抗藥性。如今，人們不斷地研發各種抗生素，但病菌也同時不斷地演化產生抗藥性。人類與病菌的戰爭，也將一直持續下去。

智慧小語

正義之劍鋒芒高漲時，黑暗勢力也會更狡詐，忽視了這一點，烏雲亦能蔽日。

6 山雨欲來風滿樓

——〈唐〉許渾〈咸陽城東樓〉（一作〈咸陽城西樓晚眺〉）

此句摘自唐代詩人許渾的〈咸陽城東樓〉。詩文前四句爲：「一上高樓萬里愁，蒹葭楊柳似汀洲；溪雲初起日沉閣，山雨欲來風滿樓。」這是一首登高懷古，感嘆朝代興亡的詩。詩人以雄渾的筆觸描繪了咸陽秋天傍晚的景致，並在其中寄託了深沉的感慨。而三四句則描寫黃昏大雨將至的景象，「滿」字更深刻地刻劃出秋風的凜冽，對比出城樓的空落。

現代人在引用這句詩時，經常是形容大變故來臨之前，隨處可見其徵兆。「空穴」不會「來風」，在大動盪之前，總或多或少會有些徵兆。該來的總歸會來，個人很難阻止風暴的來臨，既然如此，就應該未雨綢繆，在風暴來臨之前爲自己的將來多做準備，如此才能更加從容坦然地迎接暴風雨的到來。

智慧小語

葉有脈絡，事出有因，多留心生活裡的徵兆，就能避免無謂的災禍。

7 路遙知馬力，日久見人心

這句話說明要考驗一個人，需要很長的時間。白居易有一首詩：「周公恐懼流言日，王莽謙恭下士時。向使當時身便死，一生眞僞有誰知？」說的就是這個道理。話說周武王死後，太子成王即位，可是他年紀還小，武王的弟弟周公攝政，抱著成王來見諸侯。當時周公的庶兄管叔、蔡叔圖謀不軌，妒忌周公，於是散佈流言說周公欺侮幼主，不久就要篡位。成王因此對周公心懷疑慮，周公便辭去了相國一職，避居東國。有一天突然電閃雷鳴，擊開了一個金匣子，裡面放著周公表明心跡的冊文。成王看見冊文，才知道周公的忠心，於是把周公迎接回來，並恢復職位，周王室這才遠離危機，在周公的輔佐下國泰民安。王莽則是西漢平帝的舅舅，爲人奸詐狡猾，他早就想陰謀篡位，又害怕人心不服，於是禮賢下士，爲自己創造了很多虛假的功業，等到天下人都稱頌他的賢德，他便殺了平帝，自立爲皇帝，改國號爲新，把國家搞得民不聊生。最後劉秀起兵恢復了漢朝，誅殺王莽，人們都拍手稱快。從這兩個典故中可以了解到，要是周公和王莽都早死，人們就無從判斷兩人的忠奸了。

人是會改變的，任何好人都有被誤會、誣陷的時候，而任何壞人都有蒙蔽世人的時候。只有經過時間的考驗，才能給一個人棺蓋論定，不能因爲一時之譽或一時之謗，就斷定一個人是好人還是壞人，否則就會把周公當成篡權者，把王莽當作謙恭的正人君子了。

智慧小語

時間是中和劑，也是顯像劑，任何人事經過時間的淬鍊，只會留下最精純的部份。

8 飢不擇食，寒不擇衣，慌不擇路，貧不擇妻

——（元）施惠《幽閨記・山寒巡邏》

人在危急時刻的選擇往往是無奈之舉，因爲當下往往是意志最薄弱的時刻。這四句話概括了人在幾種緊急情況下，爲了生存無從選擇的態度，非常貼切。好比溺水的人，那怕只是一根稻草，也會緊緊抓在手裡。結果，當下的危機雖然解決了，但事後卻往往對當初的選擇感到後悔，生出嫌棄之心。其實，遇上事切忌盲目地病急亂投醫。畢竟，再渴也不能飲鴆，誰都知道那是死路一條。有些事情還可以挽救，有些事情一旦發生就無可挽回，比如爲了經濟的發展，大量砍伐森林、破壞環境，造成諸多物種的滅絕。如今，人類社會正在爲過去愚蠢的做法買單，希望後代子孫記取教訓，勿再重蹈覆轍。

智慧小語

沒得選擇時，才知有選擇的時候是最幸福的。

9 羊毛出在羊身上

這句俗語的比喻十分生動，用以告誡世人，對於有些小利，不要以爲可以憑空獲得，自以爲佔便宜的同時，其實已經吃了大虧。好比冬天裡的羊，由於毛已經被剪了無法禦寒，主人便給牠披上毛毯。表面看起來，好像是羊受到照顧，其實織毛毯用的羊毛還不是從羊身上來的。在生活中這種小便宜自己買單的例子還不少。商場裡的促銷廣告，講買一送一，附贈禮品，很多人爲此買了原本不需要的東西，還自覺買到賺到。但天下沒有白吃的午餐，對於送上門來的小便宜，不妨多想一想。免費贈送、免費培訓，這種種免費後面，會不會有騙自己掏錢的手段在等著呢？有些職位看似薪水高、福利好，令人豔羨，不過，這種職務要不門檻高、工作量大，要不就是所謂的求職陷阱，總之對過於好康的事還是擦亮眼睛爲妙。

智慧小語

天下沒有白吃的午餐，千萬不要生出占人便宜的壞念頭。

10 一朝天子一朝臣，這朝不用那朝人

清朝戲曲家孔尚任在《桃花扇》中寫著：「今日結了崇禎局，明年恭請聖上臨御正殿，我們一朝天子一朝臣了。」小說《歧路燈》第五十四回也云：「王中，你各人走了就罷，一朝天子一朝臣，還說那前話做什麼。」兩部文學作品都提到「一朝天子一朝臣」這句話，此話是說新的帝王登基，舊朝的臣僚自然由新朝的臣僚取代。後來泛指一旦更換主事者，其部屬也隨之變動，語意含有任用親信、私人的貶意。民間俗語爲了讓主題更爲明確，添加這朝不用那朝人。

從維持政權的角度論，本來改朝換代，朝臣當然也隨著更動，畢竟若用舊臣，難保他們不會思念舊主，興起推翻的念頭，因此保險起見，還是用自己人。由此而論，一朝天子一朝臣，實際上也沒有什麼不對。只是某些明眼人和不得志者，心中有所不滿，深知官位的更換，僅是在位者私心作祟，並非眞正的唯才適用，於是用這樣的話語來諷刺新的主事者。

其實，宏觀中國的歷史，將發現雖然有改朝換代後仍被重用者，大多數的文人卻都隨著君主衰敗離開了原先的職位，下場不是落魄潦倒，就是含恨而死，只有寡廉鮮恥的人附和新的君主。爲什麼多數人選擇這條路呢？眞的是新君主的心胸狹窄嗎？我想不是，縱使新君主要重用他們，他們還不願屈

膝。所以說，一朝天子一朝臣僅是某些人帶著忌妒的想法，就忠君者和正直者而言，是否有官可做並不是那麼重要，重要的在於對得起自己的良心。

智慧小語

既然這朝不用那朝人，何不另闢疆土，重新找尋願意重用自己的地方，死守故地僅是浪費時間罷了！

11 山高自有客行路，水深自有渡船人

古典小說《西遊記》中常有通俗俚語，有回，孫悟空笑道：「師父說那裡話。自古道：『山高自有客行路，水深自有渡船人。』豈無通達之理？可放心前去。」此處即使用了本文所選的俗語。

過去交通雖然不太便利，險阻高山和險惡深水擋去人們行走的路途，然而，人類的足跡依舊踏遍四方，這凸顯了人類克服自然環境的力量。在此歷史背景，人們誕生了「山高自有客行路，水深自有渡船人」這樣的俗語，意思是人無處不到，困難終能克服。俗語接近詩句「山重水複疑無路，柳暗花明又一村」中，絕處逢生、天無絕人之路的意思，若用其他通俗俚語來比擬，「船到橋頭自然直」更爲貼切俗語的本身。

如今科技發達，不論世界各地的高山和深水，幾乎都留下人類走過的足跡，俗語傳達的現實層面也就更爲生動，然而別忘了俗語所傳達的眞正意涵並不只是這個粗淺的表面現實，其中透露凡事皆有解決之道的積極精神，更是值得我們深思和學習。

智慧小語

日常生活中，人們周遭總會有一些無法當下解決的課題和困境，令人煩憂，然而，再煩憂又有何用，只須記得堅持地繼續朝著路途前進，所有問題都會迎刃而解。

12 官有十條路，九條人不知

民主制度尚未成立之前，政府機構的制定和官員的任命都是由在位者決定，雖然有科舉考試等開放的任官制度，實際上，官位大部分落入少數人之手；再者，因爲政治圈的狹小，一般都是彼此互相掩護，私相授受，即是孔子所言的「鄉愿」。他們深知官道的繁雜，因此專找官道的漏洞，藉此在政壇上叱吒風雲，呼風喚雨，只是這些官道，大多數民眾僅知其一，不知其九。

就執政者的立場來說，當然不希望民眾熟知這些官道，畢竟「愚民」是最好管理的，凡事有關政府的工作都弄得十分神秘，各種法令頒布的原由無須交代，如此一來才能夠吃定人民，只要人民一個口令一個動作，不用擔心人民的反抗。就貪瀆的官吏而論，官道最好也別外洩，如此才能讓他們找到中飽私囊的方法，並且還不爲人知，蒙上欺下。由此看來，俗語生動地傳達了過去政府管理人民的想法以及父母官的醜陋面貌；可想而知，從前有多少無辜百姓就是被這個想法給欺壓，有冤也無處申啊！

有人會說，現在的政府應該沒有過去的弊病吧！若是這麼想，可能就是大錯特錯，或許過去的問題主要出在制度，現在的問題可是官員本身的德性，想貪污的依舊會貪，不怕找不到暗巷黑路，某個層面來說，官路可說是官員自行開拓。因此現在若還聽到某某貪瀆事件，也就不需要訝異了！這是官場文化難以更改的陋習。

智慧小語

我們可以不用知道官路究竟有哪幾條，重要的是發現對方有走後門或貪瀆的跡象時，應該立即採取殺雞儆猴的態度，這是我們優於過去百姓的權利，可別讓這個權利白白睡著。

13 屋漏偏逢連夜雨，船遲又遇打頭風

明朝小說家馮夢龍在《醒世恆言》中記載，古代有個知縣，姓石名璧，原撫州臨川縣人氏，流寓建康。四旬之外，喪了夫人，又無兒子，只有八歲親女月香，和一個養娘隨任。其爲官清正，聽訟明決，雪冤理滯，果然政簡刑清，民安盜息。官人上任不到二年，誰知命裡官星不現，飛禍相侵。某夜倉中失火，雖已急救，卻燒損官糧千餘石。當時米貴，一石値一貫五百。法律規定，凡官府破耗軍糧至三百石者，立即處斬。只因石璧是個清官，火災又屬天數，不非其私弊，故上官便替他分解保奏。君主因怒猶未息，於是削其官職，令他賠償。估其價總共該償一千五百餘兩。石璧變賣家產，尚未達到半數，最終被軟監，逼不過，鬱成一病，數日而死。留下女兒和養娘二人，少不得著落牙婆官賣，取價償官，像這般苦楚，分明就是：「屋漏更遭連夜雨，船遲又遇打頭風。」

本文所選的俗語，正是描述禍不單行的慘狀，「屋漏更遭連年雨，行船又遇打頭風」則是另一說法。不論是哪種說法，都是以生動具體的事物，描繪人遭遇悲慘的困境。倘若陷入如此不如意的情境，怎不教人心情低落，哀嘆命運多舛，甚至問著上天爲何如此捉弄人啊！然而，何不想想人生不如意十之八九，吃苦就當作吃補，或許熬過之後，自然有一片藍天等著你，漏雨和強風僅是上天給你的

考驗。

智慧小語

屋漏的連夜雨，就當它是上天賜予的洗滌；船遲遭遇的打頭風，就當作大海捨不得你離開，越是不如意，心情越要放鬆，這麼一來自然可以迎接任何磨鍊，心智也不會受到絲毫摧殘。

14 寧犯天條，勿犯眾怒

「天條」，是形容上天所訂下的規矩，自古以來，我們就聽過不少關於天條的故事，如織女犯了天條和凡人牛郎結婚，最後只能和子女分隔的結局，所幸，王母憐憫他們，給了一年一次的七夕會。又如《西遊記》，老龍王爲了和算命師賭氣，便下了不同天帝所指示的雨量，結果被魏徵在夢中砍了頭。這些傳說故事都顯示了天條的嚴謹和可怕。然而，縱使天條如此嚇人，俗語卻說，寧願犯天條，也不願意惹眾人生氣。只因天條雖然可怕，誰又眞的看過天條呢？又若天條代表皇帝的旨意，大不了死罪難逃罷了！犯了眾怒可不是如此。假設做了讓老百姓們生氣的事，眾人將展現出巨大的威力，那股力量恐怕連官府也不敢直接阻擋。因此，雖說多數人的聲音不見得正確，但要高唱反調，與眾人爲敵前，還是要深思、再深思。

智慧小語

在社會中生存，最好還是別惹毛眾人，否則眾怒興起的浪潮恐怕會將你淹沒。

15 一人得道，雞犬升天

——（漢）王充《論衡・道虛》

《論衡・道虛》中提到淮南王劉安得道成仙後，劉安一家人連同家中養的雞跟狗也都一起升了天。天庭之上雞鳴狗吠，熱鬧非凡，非常有人間煙火之氣。試想如果仙人都像劉安這樣攜家帶眷的上天庭，天上定要人口爆炸，或許還是人世間清淨許多。

古代的中國人對得道成仙非常嚮往，因爲成仙之後不僅自己一人受益，長生不老，家人包括祖宗後代都會跟著沾光。這句話後來常用來比喻一個人發跡後，周遭有關係的人就算沒德沒才，都能跟著得勢。不過，權勢只是一時，一旦當權者落了難，身邊那些平日阿諛奉承之徒往往唯恐避之不及，這也印證了另一句俗語——「樹倒猢猻散」；更不濟的，這些過往阿諛之輩還要落井下石，回過頭來追打，「牆倒眾人推」的行爲才眞正令人不勝唏噓。

智慧小語

裙帶關係看似便利，其實潛藏危機。因此，還是腳踏實地，靠自己最好。

16 三軍易得，一將難求

——（明）羅貫中《三國演義》第七十回

三國時魏國大將張郃和張飛兩軍對壘。張飛用計，三次打敗張郃。張郃最後只剩下隨從十幾個人，逃到曹洪那裡。曹洪大怒，要殺他，行軍司馬郭淮便勸諫說：「三軍易得，一將難求。」意思是張郃雖然戰敗，但還是一個不可多得的將領人才。

人才難得，領導型人才更難得。對企業而言，一個優秀的管理者爲企業創造的效益，比一個普通員工不知道要高出多少倍。所以企業如果得到了這樣的人才，更應該好好珍惜，偶然犯一次兩次錯，也應該給他們改正錯誤的機會才是。

智慧小語

眞正的人才難求，大部分的管理者都明白這個道理，然而，遇到人才能知人善任的伯樂卻不多，這需要用人的氣度和膽識。

17 一朝被蛇咬，十年怕草繩

草繩和蛇乍看之下很像。有人被蛇咬了一次以後，看見井邊打水的繩子都感到心驚膽跳。這句話比喻遭到一次欺騙和傷害之後，心有餘悸，之後再遇到類似的情況時，往往不自覺回想起慘痛的經驗，唯恐避之不及，在心理上留下了揮之不去的陰影。

有「一朝被蛇咬，十年怕草繩」這樣情結的人不少，這個心態其實有利也有弊。好處是可以避免再次上當受騙，保護自己。壞處則是，過度的自我保護會使人漸趨保守和膽怯，畢竟「被蛇咬」的機率還是遠低於看見「草繩」。其實，受騙上當之後，最要緊的是記住痛苦的教訓，提高警覺，並學會如何分辨「蛇」跟「草繩」。面對眞正的危機要能保護自己，但也無需將自己搞得風聲鶴唳，草木皆兵，這樣只會不利於自己的進步。

智慧小語

面對傷痛，時間是最好的藥；暫且害怕草繩吧，至少可以提防毒蛇的侵襲。

18 有錢能使鬼推磨

——（晉）《錢神論》

東漢末年，京師有一個鑄錢工匠，不幸生了場大病，最後不治身亡。正當家人們為他入殮時，錢匠又活了過來，他對又驚又喜的家人們說：「我夢見有幾個小鬼把我帶到陰間，說閻王爺叫我推磨。於是我和他們談了筆交易，我替他們鑄錢，而他們就幫我推磨。後來我替他們鑄了很多五銖錢，他們就放我回來了。」

從此以後，「有錢能使鬼推磨」就用來形容金錢萬能。其實，世界上並不是所有的東西都能用金錢買到，比如友情、親情、愛情，這些都是世界上最真摯而無價的情感。有些人雖然擁有家財萬貫，卻沒有普通人享有的情感，這些人就是所謂「窮得只剩下錢了」。

智慧小語

錢不是萬能，沒錢卻是萬事都不能；有錢眞好，沒錢萬萬不好。能不能，好不好，就看你要什麼了。

19 三歲看小，七歲看老

司馬光小時候和朋友到屋外玩，其中一個孩子不小心掉進一口大缸裡，缸中水深，沒有人敢去救他，只有司馬光揀了一塊大石頭，用石頭把缸砸破，救出那個孩子，表現出臨危不亂的風範。後來司馬光官至宰相，成爲宋代的名臣。

「三歲看小，七歲看老」，本來指人一生是否有所作爲，往往從幼時的性情和志向就能觀察出來。所以，千萬別忽視幼兒教育，在孩子人格形成的重要時期，不僅要傳授給他們知識，還要培養他們堅強的性格和堅定的意志，養成良好的習慣。否則，等到小樹苗長歪、成型後，要再加以矯正就十分困難了。

智慧小語

沒有打穩地基，高樓無法平地起；人沒有受教育，人生就在一片混沌中。

20 不見棺材不掉淚

這句話有兩層含義，一是比喻人頑固，不到黃河心不死，另外也可以比喻壞人作惡多端，等到最後嚐到惡果時，才後悔莫及。比如國人的衛生習慣欠佳，大街上隨地吐痰、亂丟垃圾等行爲還隨處可見。直到三年前的SARS風暴，人們的生活習慣才有顯著的改變。

公道地說，見棺材掉一把淚，總比在棺材面前仍然無動於衷要來的好。回想SARS風暴期間，公共場所的衛生大爲改善，人們的衛生習慣也有了明顯的進步，一天洗十次、八次手的也大有人在。可惜，疫情一解除，原先那副棺材便漸漸地淡出人們的生活，一切又恢復了原樣。人本來就是健忘的動物，何況對大多數的人而言，雖然緊張了好一陣子，但終究還是沒有躺進SARS的棺材裡。所以，「不見棺材不掉淚」，似乎是人的劣根性。只是一腳踏進棺材的處境還是太危險，只要失之毫秒，就是掉再多的眼淚，也無濟於事了。

智慧小語

人生沒有後悔藥，有病就要根除病源不讓它坐大。

21 人多亂，龍多旱，母雞多了不下蛋，媳婦多了婆婆做飯

這句俗語比喻人多了，反而會互相依賴，最後人人躲避責任，甚至引起混亂。自古以來，中國官員的配置過多似乎已成常態，《隋唐・楊尚希傳》中就有「十羊九牧」一說。平心而論，「十羊九牧」的說法未免有些誇大，但中國的官員比例確實高出其他國家許多。而由經驗法則推想，官一多，往往政出多門，人浮於事。因此，老百姓口中的：「三分之一的幹，三分之一的看，三分之一的瞎搗亂」，誠可謂一針見血。

除了效率不彰，官多爵濫也容易產生腐敗。所以，官員重在質好而非量多，當政黨們熱鬧拚選舉的同時，也該偶爾回頭檢討是否養了太多母雞。

智慧小語

懶，是人把心賴在別人身上，要別人為自己人生負責的任性敷衍態度。

22 欲加之罪，何患無辭

——《左傳・僖公十年》

春秋時，晉獻公死後，晉國大夫里克想要立文公爲國君，於是殺了太子奚齊，晉國另外一個大夫荀息則立了公子卓子。里克後來又殺了公子卓子，荀息也跟著自殺了。最後剩下晉國另一個公子夷吾，他逃亡到秦國，藉助秦國的幫助，回到晉國當了國君，成了晉惠公。晉惠公即位後，決定殺掉里克，於是派人對里克說：沒有里克，他也做不了國君，可是里克殺了兩個國君和一個大夫，要當他的國君可太難了。里克聽了之後，就說了「欲加之罪，何患無辭」這句話，意思是：你想要殺我，何必找這些藉口呢？

歷史上，死於「莫須有」罪名的功臣將士實在不少。俗語說：「伴君如伴虎」，越接近權力核心，也處於越大的危機之中，有時甚至怎麼丟了性命都不知道。畢竟，老虎吃人的時候，是用不著給理由的。

智慧小語

沒有理由、我喜歡，是搪塞責任、解決問題最好也最惡毒的理由。

23 朝裡有人好做官

對一般人來說，若想儘快被提拔重用，透過高層中親朋的提攜是最快的捷徑，常能平步青雲，令人稱羨不已。其實，在職場上想得到更高的職位，為上司重用，這既是人之常情，也是上進心或進取心的一種表現，所謂「不想當將軍的士兵不是好士兵」就是這個道理。然而，朝裡有人的情況畢竟屬少數。於是一些人就開始動起了歪腦筋，慢慢吹起職場歪風，人人高唱：「又跑又送，提拔重用；只跑不送，原地不動；不跑不送，降級使用。」

其實，要在職場的路上走得長久，只有憑藉自身的努力，沒有別的捷徑可走。此外，一間底下職員只靠送禮、攀關係就能青雲直上的公司，恐怕也很難長久經營。雖然任何職業都多少會受到「運氣」的影響，但相較之下，實力才是絕對的關鍵。

智慧小語

人脈，是現代人生存最佳的利器之一。智者善於經營，增添成功機會；愚者只能眼前得利，引來後患。

24 掛羊頭賣狗肉

——《晏子春秋・內篇雜下第一》

春秋時期，齊靈公喜歡享樂而且性情怪僻。有一天，他突發奇想，讓宮中的女子都穿著男裝。於是，宮中的侍妾妃嬪都穿上了男裝，前宮後院，男女莫辨。內行外效，沒過幾天，宮外的婦女也競相模仿，導致全國上下女扮男裝成風。齊靈公發現後，甚覺不妥，下令只要見到女扮男裝者，撕毀其衣，割斷其帶，但是收效甚微。於是，齊靈公就去請教晏子。晏子說：「您讓宮中的婦女女扮男裝，卻禁止宮外的婦女這樣做，這好比『懸牛首於門而賣馬肉於外』，他們明知您在騙他們，又怎麼會聽從您的命令呢？要是您不讓宮中的婦女著男裝，那麼宮外的人也不敢這麼做了。」齊靈公按照晏子的話去做，果然一個月後，國內再也沒有人女扮男裝。後來，「懸牛首賣馬肉」這句話就演變成了「掛羊頭，賣狗肉」，比喻用好的東西作幌子，來推銷惡劣的商品，或者用好名義作幌子，私底下作惡。

「掛羊頭賣狗肉」的目的就是掩人耳目，行欺騙之實。實際上，這種行爲是不可能持久的，因爲騙得一時容易，可是群眾的眼睛是雪亮的，只要有人發覺被欺騙，壞名聲一傳出去，就再也不會有人光顧假貨攤子。所以，想要「掛羊頭賣狗肉」之前，要先想想背後的風險和後果，若是自己的招牌被砸了，恐怕只會落得血本無歸。

智慧小語

表面一套，內心一套，久了就會醜態畢露。

25 不怕賊偷，就怕賊惦記

我們每個人大概或多或少都有被小偷光顧的經驗，也許損失慘重，但也因此記取了教訓，長了記性，只要提高警覺就能避免再一次受害。但是被賊偷給惦記住，這日子可就過得不安穩了，俗話說：「明槍易躲，暗箭難防」，從此得時刻提心弔膽，防不勝防。這種緊張滋味，恐怕可比當間諜的程度。

《水滸傳》裡的林沖是好漢一條，只因為家有嬌妻，被高衙內「惦記」上，最後家破人亡，被逼上梁山。要是一個國家也碰上這種事，那影響可就更大了。如果你的近鄰時刻覬覦著你的領土，那全體國民必然得時刻戒備著。哪怕是美國這樣的超級強國，如今也瀰漫著一股深重的危機感，一切便起因於國際恐怖主義的威脅。911過後數年，2005年10月6日，紐約市長和警察局長宣佈取得紐約地鐵可能遭遇恐怖攻擊的情報，警方立刻提高了公共交通系統的安全戒備，連嬰兒車也被視作攻擊武器，逐一檢查。時隔一天，離白宮不到一英哩的華盛頓紀念碑又發生炸彈威脅。警方疏散了參觀者，封鎖了附近街道，但沒有搜出什麼危險物品。顯然，這又是一次惡作劇。然而，不管消息來源是真是假，美國當局每次都得全力防範，實在極度耗費人力與金錢。時間一長，也許還會有「狼來了」的鬆懈狀況出現，而長期生活在恐怖主義的陰影下，人人自危，對國民的心理也將產生負面的影響。由此可知，被賊惦記住還眞是一大災難，除了亡羊補牢，也沒有更好的辦法，只得自求多福。

智慧小語

受了一次教訓要懂得學一次乖，學會修正錯誤，與事先預防一樣重要。

26 法不責眾

中國「法不責眾」的思想可謂由來已久。現在的法典裡雖然找不到「法不責眾」這一條，但這已經屬於老百姓的「潛規則」。「從眾」能夠消除孤單和恐懼，帶給人們歸屬和安全感。所以，當人們知道某件事情是違法或犯罪的時候，一個人可能不會去做，但是如果一群人中有人已經做了，並且收到了明顯的利益，其他人就會渾水摸魚，跟著加入。

對這類的群體性犯罪，判決十分不易，最普遍的解決方式是找起頭的算帳。但這樣也往往使人們變得狡猾大膽，只要看準不當那個帶頭者，就不會挨打。面對這樣的風氣，法律的神聖就受到空前的挑戰。只有每個人都恪守遵紀守法的信條，我們才能處於一個文明、秩序的社會環境中。

智慧小語

群眾常常是盲目的，應抱持自覺與信念，千萬不要讓自己淪爲他人謀略中的棋子。

27 此地無銀三百兩

從前有個自作聰明的人叫張三，他辛苦攢了三百兩銀子，心裡很高興。但他總是怕被偷，於是把銀子釘在箱中，埋在屋後，最後又在上面立了一個樁子，樁子上寫著：「此地無銀三百兩」，心想這樣就不會有人猜到這裡有銀子。誰知張三的舉動都被隔壁王二看到。半夜，王二把銀子全偷走，也在上面貼了一張條子，寫著：「隔壁王二不曾偷」。

本來什麼標誌都沒有的地方，最不容易引起注意，但張三偏要立樁強調，反而引起別人的猜疑，而王二的遮掩招數更是不打自招，典型的欲蓋彌彰。在現實生活中，我們是不是能比他們兩個聰明，不犯類似的錯誤呢？其實，撒謊和隱瞞都是使人心驚膽跳的辛苦事，還是應該換個角度，從正面解決問題，畢竟，真正能瞞天過海的人是少之又少。

智慧小語

說話自然與刻意何者讓人輕鬆自在，犯了錯一次，你就會明白誠實的可貴了。

28 小時了了，大未必佳

——（南朝・宋）劉義慶《世說新語・言語》

南朝劉義慶的《世說新語・言語》中寫道：「韙曰：『小時了了，大未必佳。』文舉曰：『想君小時，必當了了。』韙大踧踖。」這段文字記載著孔融小時候的機智對答。漢末文學家，名列「建安七子」之一的孔融，十歲時隨父親到洛陽李膺家做客。進門時僕人要求客人通報與主人的關係，孔融說：「我是李府的親朋。」接著便大搖大擺進了大門。入座後，李膺好奇地問他兩家有何關係？孔融回答說：「昔日我的祖先孔子與您的祖先老子有師資之尊，後來世代相傳，我跟您也就成了好友了。」座上的人們聽了之後都十分驚訝於孔融的伶俐聰慧。這時大中大夫陳韙趕到，聽了別人的轉述後，便說了這句話。而孔融也立即反唇相譏，更說明了他的機智靈活。

拋開這個故事單看這句話，其實一點也不錯。《傷仲永》中的神童方仲永，就是一個典型的例子。他小時候是個「天才兒童」，五六歲時寫的文章大人看了都讚嘆不已，於是他的父親就帶著他四處表演吟詩作文，成了家裡的搖錢樹。可是由於不注重繼續教育，單靠著一點天賦老本，很快他的才華就消失殆盡了，到了十幾歲，就跟普通孩子沒什麼兩樣，一生便這麼庸庸碌碌地虛度。因此，家長們切記不必因爲孩子小時候表現出來的一點小聰明而沾沾自喜，也不要對自己的孩子進行揠苗助長式的教育。保持一顆平常心，就是最好的策略。

智慧小語

栽種樹苗需要耐心與恆心，教養孩子也一樣。爲了自己的喜好，刻意地扭曲或拉扯只會傷害樹苗的本質，只要持之以恆的澆水、適時修剪，樹苗自然會長成茂密翠綠的大樹。

29 三十六計走為上策

——（南朝・梁）蕭子顯《南齊書・王敬則傳》

南朝齊明帝時的大司馬王敬則舉兵反叛，當時齊明帝病重，他的兒子東昏侯蕭寶卷在東宮看到征虜亭起火，以為是王敬則來了，便慌慌張張準備逃跑。有人把這個消息告訴王敬則，他當時便說了這句話，語帶得意地暗示齊明帝父子應該快快逃走為上策。然而，叛亂後沒多久，王敬則亦兵敗被殺。

這句話的原意是兩軍對陣，一方力量明顯不敵，以退走為上策。後常用來形容陷於困境時，別無良策，以趨利避害出走為妙。

在三十六計中，其餘三十五計都是與對手正面交鋒，只有最後一計——「走」，是消極逃跑的無奈之舉。但為什麼還說是「上策」呢？其實「留得青山在，不怕沒柴燒」，堅持到底固然令人欽佩，但懂得撤退更是一種權變的智慧。

智慧小語

逃走不是無奈，只要懂得自己想要的是什麼，迂迴而進又有何不可？

30 名師出高徒

古時有個叫泰豆氏的人，非常善於駕車，一個名叫造父的人就慕名而來，拜他為師。造父侍奉師傅極為周到，可是三年過去了，泰豆氏沒有教他一點駕車的技巧。造父也不著急，對老師越發恭敬。這時，泰豆氏才決定把技藝傳授給造父。他按照人腳步的疏密，把一根根僅僅容得下一隻腳的木樁立在道路上，叫造父踩在木樁上來回奔跑，練習到不會失足跌倒為止。造父苦練了三天，終於掌握住全部的技巧，最後也成了一名駕車高手。

名師因為本身才學高，能幫徒弟少走很多彎路，進步的速度也較快。不過，常言道：「師傅領進門，修行在個人」，即使師傅是名師，弟子也不能躺在師傅的名氣上睡大覺，只有師徒之間教學的默契相合，才能結出豐碩的成果。

智慧小語

好老師可以帶你站穩第一步，而剩下的九十九步，就得靠自己的努力。

31 三個臭皮匠，勝過一個諸葛亮

過去把修鞋或者製鞋的工人叫皮匠，而諸葛亮神機妙算、智慧超群，是智士的代表，這風馬牛不相及的兩者怎麼會扯到一塊呢？據說有次諸葛亮到東吳作客，爲了看東吳有沒有高人，故意設計了一座報恩寺塔，塔頂有個高五丈、重四千多斤的超級大銅葫蘆。眾人一見都嚇著了，沒人猜得出它是如何製作出來。城門口的三個皮匠聽說了，三人湊在一起想了三天三夜，最後，他們把牛皮縫成葫蘆的樣子，接著把這個大牛皮袋放在沙堆裡，再灌入銅水，終於大功告成！諸葛亮發現自己出的難題竟然被三個皮匠破解，只得灰溜溜地回蜀國去了。從此，這句俗語便流傳開來。這句話也常用來勉勵人，只要集思廣益，平凡的人一樣可以打倒強大的敵人。

智慧小語

一把筷子不易被折斷，而平庸者若能發揮群力群智，也能擊退強敵。

32 占著茅坑不拉屎

古時候有個人自稱神醫，包治百病，有一個權貴聽聞他的大名，趕緊派人把他請回家，每天細心招待。可是，每當家裡有人生病，這位神醫總說：「殺雞焉用牛刀」，權貴只得去外面請醫生來看。很長一段時間之後，才有人揭穿了「神醫」的眞面目，發現他根本就是一個不學無術的騙子，這時才終於被趕了出去。

「占著茅坑不拉屎」指的就是這種空占著職位不做事，坐領乾薪的人。尸位素餐的人會佔據有利的位置，讓眞正有才能的人無法施展。因此，認眞愼重地選用德才兼備的人才，罷免那些在其位不謀其政的庸碌無能之輩，才不會使團體蒙受更大的損失。

智慧小語

有自知之明的人才能進步，因爲當看得到他人的優點時，便能察覺自身的缺失而慢慢改進，千萬不要妒忌比你有才華的人，你更應該懷著學習與感恩的心來與他結交。

33 魯班門前弄大斧，關公面前耍大刀，聖人門前賣經文

魯班又叫魯般、公輸般，是春秋時代魯國的巧匠，善於雕刻與建築，技藝舉世無雙。人們一直把他看做是木匠的祖師爺；而關公即關羽，三國時的蜀國大將，一把青龍偃月刀所向披靡，被後人封為「武聖」；「聖人」則是指學識淵博的孔老夫子。這幾句話都是用來比喻，在行家面前不自量力地賣弄本領。例如明代詩人梅之煥，有次到採石磯李白墓前憑弔，發現墓碑上被人題滿了詩句，梅之煥因此作了一首《題李白墓》，來諷刺那些不知天高地厚的文人墨客，詩文曰：「採石江邊一堆土，李白之名高千古，來來往往一首詩，魯班門前弄大斧。」

古人崇尚的是謙虛謹慎，對於權威十分尊重。後人往往難以突破前人的思想禁錮，稍有越矩，即被視為離經叛道，屏除在主流圈之外。不過今天人們的思想已經大有進步，不再迷信權威，對新新人類而言，「班門弄斧」之類的事反而被視為敢於挑戰自我、超越自我，變成勇氣可嘉的表現。其實，換個角度看，只有敢於班門弄斧，才能獲得與大師交流切磋的機會，加速提高自己的本領。著名數學家華羅庚就曾說過：「下棋找高手，弄斧到班門。」他本人二十歲時，就寫了一篇論文，證明當時一位數學家某個代數解法的錯誤，這確實需要很大的勇氣，也讓中國數學界對這個年輕人刮目相看。在

今天的資訊時代，學生超過老師、後輩勝過前輩的情況更是比比皆是，作爲年輕人不要妄自菲薄；同樣地，已經成爲某一行的權威人士，也不要小看在你門前「舞槍弄棒」的後生晚輩，說不定在不久的將來，他們的鋒芒就會直逼這些大師、泰斗了！

智慧小語

除了自知之明，你還得培養自信心與抗壓性，對學習要時時懷著質疑的態度，挑戰權威，繼而證實自己對在哪裡，又錯在哪裡。

34 牽一髮動全身

「牽一髮動全身」說明牽動一個極小的部分就會影響全局的道理。西方有一首民謠就以這個概念做了有趣的聯想：「丟了一個釘子，壞了一隻蹄鐵；壞了一隻蹄鐵，折了一匹戰馬；折了一匹戰馬，傷了一位騎士；傷了一位騎士，輸了一場戰鬥；輸了一場戰鬥，亡了一個帝國。」一個帝國的敗亡居然起因於一根小小的釘子，比喻雖然有誇大之處，可仔細想想，卻也不是毫無道理。

「蝴蝶效應」則是這個概念的另一個科學印證。這個說法最初由氣象學家羅倫茲提出，內涵是一隻南美洲亞馬遜河流域熱帶雨林中的蝴蝶，搧動幾下翅膀，就可能在美國德州引起一場龍捲風。理論的正確與否姑且先不去討論，值得玩味的是中西對此想法的有致一同。此外，「牽一髮而動全身」的例子在現實社會中也比比皆是。比如伊拉克問題一直是國際關注的焦點，因爲當地每發生一次恐怖襲擊或自殺性爆炸，國際油價就會攀升，各個國家都不能倖免。油價上漲也會使生產所需的燃料費用提高，因此農業、紡織業、建材等行業都會受到直接影響，最後消費品價格自然暴漲。也就是說，大到世界各國，小到每個人，都會因爲一顆小小的炸彈受到不同程度的影響。那麼，究竟應該如何防止「牽一髮動全身」的效應呢？除了需要靈敏的嗅覺和深刻的洞察力，還應該深具防微杜漸的意識。對於一個小小的變化，別人可能根本沒發現，或發現了沒有意識到，而你卻能預見它的發展趨勢，並及時做出回應，如此還有什麼危機能讓你措手不及呢？

智慧小語

雖然人人都只是平凡人，可能做不了什麼大事，但一個人的行爲卻能影響一大群人；就像一個殺人者，不只是加害被害者，同時也傷害了一個家庭，造成社會的恐慌，所以行事不可不謹愼。

35 老鼠過街，人人喊打

從古至今，老鼠向來就不為人類所喜愛，《詩經．魏風．碩鼠》描述著：「碩鼠碩鼠，無食我黍。三歲貫女，莫我肯顧。逝將去女，適彼樂土，樂土樂土，爰得我所。」詩歌雖然有諷刺官吏的意味，就象徵意義來看，老鼠很早就被歸入害蟲之列。俗語正是藉著老鼠這樣的形象，以偷吃糧食的老鼠，比喻某些道德或行為上有瑕疵的人，他們被眾人唾棄，就像是老鼠準備過街，看到的人們都連忙喊打。

誰都不想成為過街老鼠，那種躲躲藏藏，提防人們隨時喊打的日子可不好過，因此還是應該堅守住道德良知，懂得潔身自愛為上策。

智慧小語

人人都想除鼠害，只是最難消除的恐怕是懷著老鼠心腸的人，他們所帶來的傷害恐怕比老鼠還要大。

36 學者如牛毛，成者如麟角

這句俗語是說，學的人就像牛毛一樣多，最後能夠有成就的人，卻少得像麟角般罕見。舉例來說，到國外留學學習MBA的人近來蔚爲風尚，人數可說每況日上，取經歸國後能夠將所學用於商場，闖出一番天地者，實在少之又少。爲何會發生這樣的情況呢？追根究柢，差異在學習的目標和努力的過程。有明確的學習目標者，在學習過程中，能夠心無旁騖，專心學好該懂的知識。此外努力也是差異所在。學習過程中，費心盡力的用功者，成爲麟角的機會自然大的多，若是偷懶怠惰，當然也就沒什麼機會成功。

智慧小語

如今是個競爭激烈的社會，牛毛要比過去多了許多倍，麟角卻同樣地稀少，因此想成爲麟角者勢必得加倍努力，否則最後將成掉落的牛毛。

37 龍游淺水遭蝦戲，虎落平陽被犬欺

雖然《三國演義》已經演繹了三國的重要歷史事件，然而其中知名人物還是有不少的軼聞，其中諸葛亮和周瑜的鬥智演變最爲多樣，說法最多。相傳諸葛亮出使東吳遊說吳蜀聯合抗曹之事。當時周瑜非常嫉妒諸葛亮的聰明才智，便想找藉口殺他，在某次的宴會場合，周瑜故意對諸葛亮說：「孔明先生，我們來吟詩作對如何？對的出有賞，對不出就殺頭懲罰。」大智的諸葛孔明不慌不忙地笑答：「好的，請都督出題。」周瑜聽了大喜，開口便道：「有水便是溪，無水也是奚，去掉溪邊水，加鳥便是雞。得志貓兒勝過虎，落坡鳳凰不如雞。」諸葛先生聽後回應：「有木便是棋，無木也是其，去掉棋邊木，加欠便是欺。龍游淺水遭蝦戲，虎落平陽被犬欺。」

這則故事的可信度當然有待查證，極有可能是在俗語產生後，民間才賦予的說法，不論如何，至少明代吳承恩的《西遊記》、清代蒲松齡小說《醒世姻緣》，都可聽到「龍游淺水遭蝦戲，虎落平陽被犬欺」的句子，用來比喻有才能的人處於困境，難以施展，反倒受平庸之人的欺凌。這樣的句子生動地描述「懷才不遇者」，受到平庸之人欺凌的樣貌，有過類似經驗的人想必心有戚戚焉。然而這世上就是有許多喜歡落井下石和忌妒他人的庸才者，身爲龍虎的你也只好忍耐這樣的事實存在。

智慧小語

龍若不小心擱淺遭到蝦戲，請記得你一樣還是龍，有天絕對可以回到深海，反觀蝦永遠只能在淺灘生活。故縱使受到一點欺負也別覺得委屈，蝦的欺凌就當他們的無知和忌妒在作祟罷了！

38 不怕官，只怕管

——（明）施耐庵《水滸傳》第二回

官再大，只要管不到自己就不怕；但對上自己的頂頭上司，即使官職不高，卻能決定自己的升遷謫貶，所以會害怕。也就是說，在誰的直接管轄下就聽誰的。以水滸傳的情節爲例，林沖的妻子被高衙內調戲，但他礙著高衙內是上司兒子的緣故，不僅忍氣吞聲，還勸聞訊趕來幫忙的魯智深不可造次。他一再忍讓，卻仍招來高俅父子的陷害，發配滄州，最後被逼上了梁山。

在現代的大公司裡，同樣存在這樣的情況。大老闆可能位高權重，不過因爲天高皇帝遠，根本管不到自己，所以官再大也不用怕。不過自己的頂頭上司就不一樣了，因爲直接歸他管轄，成天一起共事，薪水、工作分配、升遷等都由他來決定，相處時自然得小心謹慎。除此之外，直屬上司的人品好壞也十分重要。所以，求職的時候，除了看公司發展，直屬長官的人格高低也是關鍵因素。求職者在面試時，應該抓住這個機會，看看上司跟你是不是合拍。如果碰上一個跟自己八字不合的頂頭上司，保證每天上班都如受苦刑，令人生不如死。長期的忍氣吞聲，說不定變得人格扭曲。所以有句話說：「大部分人一開始是加入一家公司，最後卻是離開一個老闆。」職場關係還眞是一門深奧的學問呀！

智慧小語

「被管」也是一種學習，有道理的管幫助你在專業上成長，沒有道理的管則幫助你在修養上成長。

39 城門失火，殃及池魚

——（北齊）杜弼〈檄梁文〉

這句話裡有一個典故。有一次宋國的城門失火，人們都趕忙在附近的水溝裡打水救火，最後火滅了，但溝水用盡，池中的魚也乾死了。這句話後來就用以比喻因為看似不相干的事而受到連累。

許多事看似沒有關係，其實還是存在著一些聯繫。比如過去在草原上，人們大量獵殺草原狼，因為牠們會襲擊牛羊。但沒想到隨著草原狼的大量滅絕，草原上的食草動物大量增加，草原的生態系統失衡，最後放養的牛羊同樣遭了殃。因此凡事必須事前仔細分析，才能發現其中關聯，避免因錯誤的策略而引發災難。

智慧小語

唯有懂得豎起雷達，謹慎觀測風險的人，才有躲過城門失火之災的運氣。

Part5

▶▶ 修身養性篇

1 一寸光陰一寸金，寸金難買寸光陰

——（唐）王貞白〈白鹿洞〉二首（之一）

原句是「讀書不覺已春深，一寸光陰一寸金」。意指讀書的時候，因為專心於書中的文字，時間彷彿一下就過去了，是故人們該珍惜飛逝的光陰，善用寶貴的時間。後人又在本句之後增加了一句「寸金難買寸光陰」，進一步說明黃金有價光陰無價的道理。

在古時，這句話通常是用來勸人向學；不過在今日，這句話慢慢被借用來提醒人們應具有憂患意識，盡力與時間賽跑，努力以時間換取金錢。前後兩者的差異無所謂孰優孰劣，在生活節奏如此之快，人們的物質標準一再提升的今天，你我也很難否定後者的正當性。只是在分秒必爭的生活中，也別忘了偶爾停下來喘口氣。

智慧小語

時光可貴，應當珍惜人生中的分分秒秒，如此才不枉此生。

2 一粥一飯，當思來之不易；半絲半縷，恆念物力維艱

——（清）朱柏廬《朱子家訓》

「鋤禾日當午，汗滴禾下土。誰知盤中飧，粒粒皆辛苦。」這首耳熟能詳的詩包含著一個樸素的道理，就是要學會感恩，這樣才能做到勤儉節約，珍惜別人的辛勞。

這樣的想法在當今這個消費至上的社會中似乎有些過時。其實，消費不等於浪費，在這個資源越來越緊縮的時代，勤儉節約絕不會過時；不論主動或被動，人們終將逐漸意識到節約的重要價值。因此，飲食上越來越多人講究適量清淡，不只避免浪費糧食資源，更有益健康，而強調省電省能源的綠色商品也越來越多，大大降低石化資源的消耗。唯有從每個人身邊一點一滴的小事做起，人類才不會因爲過度剝削大自然而遭遇空前浩劫。

智慧小語

打開電視，看看飢餓三十，你會發現，自己眞的太幸福了。

❸ 多行不義必自斃

——《左傳・隱西元年》

春秋時代，鄭國太后姜氏偏愛小兒子共叔段。莊公即位後，她請求把京城作為共叔段的封邑，眾臣皆反對，勸諫莊公要對共叔段和太后的野心多加提防。莊公回道：「多行不義必自斃。」後來，共叔段果然謀反攻打鄭國都城，太后準備打開城門做內應，但事跡敗露，莊公先發制人，進攻京城，共叔段最後倉皇逃走。

其實，有時候「養虎」並不一定「為患」，如果給對手機會任其向「不義」發展，往往不需要等到你來對付他，他就會自取滅亡。這類的權謀在政治上屢見不鮮，但在生活周遭裡，當我們看見不義之人和不義之事時，還是應該挺身而出，將其消除在萌芽階段，否則將會給自身、他人，甚至社會帶來巨大的危害。

智慧小語

壞事做多了，總會遇到鬼吧！舉頭三尺有神明，人還是要摸著良心做事。

4 良藥苦口利於病，忠言逆耳利於行

——《孔子家語・六本》

秦末劉邦攻入咸陽，見宮中滿是珍寶和美女，便想佔據皇宮，任憑樊噲如何勸說也不聽。張良於是上諫說道：「良藥苦口利於病，忠言逆耳利於行」，劉邦一聽終於醒悟過來，帶著軍隊回到霸上駐紮。後人也常以此來勸告人們要虛心接受逆耳忠言。

忠言往往是針對缺點和過錯直言不諱，必然刺耳。畢竟，要意識到並正視自己的錯誤，需要絕大的勇氣。但要想成大事，就必須有接納忠言的雅量。劉邦之所以能奪得天下，不是因爲他本身才能卓著，而是知人善任，並且能夠聽得進別人的忠言。聰明的人，應該懂得這個道理，對於溢美之詞不能盡信，對逆耳忠言則要愼思其中的道理。

智慧小語

如果有人給你忠告，那表示這人是眞心誠意與你交往，應仔細思考其言才是。

5 若要人不知，除非己莫爲

——（漢）枚乘〈上書諫吳王〉

這句話出自〈上書諫吳王〉：「欲人勿聞，莫若勿言；欲人勿知，莫若勿爲。」漢文帝時，吳王劉濞之子上朝時驕橫無禮，被皇太子所殺，吳王因而有謀反之意。枚乘因而上書吳王，勸他不要背義棄理，不知其惡。這句話就是從枚乘的諫文中簡化改寫而來，意思是：只要說過的話、做過的事，是無法隱瞞別人的。

漢代的楊震是一個剛直不阿的人。有一次，以前被他舉薦當了官一個叫王密的人，爲了答謝他，趁夜深人靜，懷揣著十錠黃金來到楊震的寓所偷偷拜見他。楊震很生氣，斷然拒絕了王密的饋贈。王密四下瞅了瞅，對楊震說，現在夜深人靜，一個人都沒有，沒人會知道這件事。楊震義正詞嚴地說：「天知、地知、你知、我知，怎麼說沒有人知道呢？」說完，生氣地把黃金扔在地上。

常言道：「沒有不透風的牆」，這樣一件極隱密的事情，都在歷史上留下了一筆，人們對自己的言行怎能不謹慎呢？那些被檢警部門偵破的各類案件中，罪犯們誰不希望自己犯下的罪惡不被發現，可是無論怎樣狡猾、心思周密的罪犯，最後還是會被繩之以法。因此，利令智昏者應該懸崖勒馬，不要心存僥倖，爲非作歹。

智慧小語

人類之所以爲萬物之首，是因爲多了一顆良心，人人都有這顆良心，強弱程度不一而已，做壞事便在這良心上劃下一筆，多了、久了，馬腳便要露出來了。

6 天有不測風雲，人有旦夕禍福

——（元）無名氏《包龍圖智賺合同文字》

這句話時常出現在章回小說中，用以說明人生的際遇就如同天氣的變幻一樣，常常具有偶發性，無法預測。天道無常，世事難料，生活中的事總是很難沿著我們預定的軌跡發展。每個人在爲自己預定的目標努力時，可能都會碰到預想不到的事情，從而使得目標無法達到。一場突如其來的疾病，一次始料未及的交通事故，可能就此使一個人的一生改變。面對這樣的變故，我們會怎樣反應呢？是質問老天爲何如此不公，從此自暴自棄嗎？或者莫不如，就當這是天氣的變幻無常一樣接受它。怨天尤人，還不如坦然面對，一切都還不是那麼糟，生活也往往會有意想不到的饋贈。

儘管很多事情無法預料，但這並不意味著事先就不應該有所準備。相反地，爲了避免變化發生時措手不及，我們更應該有一些計劃，並在計劃中就考慮到變化發生的可能性。何時發生變化，以及發生什麼樣的變化是無法預測的，但是面對變化的態度是我們可以選擇的。坦然接受變化，事先就爲不可預知的變化留有餘地，在變化發生時根據情況重新計劃。這樣我們就可以自在地駕馭變化，好像一句廣告詞所說：「讓變化成爲計劃的一部分。」命運，能不能也被我們所駕馭呢？

智慧小語

隨遇而安，管它風雲變幻，遭禍享樂，置身事外觀察，就有不同的心得。

7 各人自掃門前雪，休管他人瓦上霜

從前，在一個集市上有個布鋪和煙鋪，兩家鋪子隔街相對，關係很好。一天夜裡下了場大雪，早上布鋪的夥計開了門，看見煙鋪門前幌上（指招牌上）掛著一個竹筐。夥計好奇地走過去看，沒想到筐裡竟然放著一顆血淋淋的人頭！嚇得他趕緊跑回到鋪子裡。這時煙鋪也開門了，煙鋪老闆發現筐裡的人頭，立即報了官。衙役來到現場，根據雪地上的腳印找到布鋪的夥計，將他屈打成招，關入監牢，等候秋決。但過了些日子，官府卻另外捉到眞正的兇手，這時才把無辜的夥計放出來。此後，布鋪老闆便時刻告誡夥計們說：「記住，今後各人自掃門前雪，休管他人幌上筐。」此話流傳開來，句中的「幌上筐」更訛變成「瓦上霜」。這句話原意指各人管好自己的事情，不要多管他人的閒事，具有中國傳統「明哲保身」的思想。

許多人將此話奉爲至理名言，視爲處世之道，他們只關心跟自己有關的事情，關起門來過自己的日子，成爲遵紀守法、不惹是生非的老好人，但卻對自身以外的任何公共事務、公共利益都不太關心。這種人格特徵也就是我們常說的——缺乏公民意識。當人的精神及道德無法與其社會生活水準及應承擔的社會責任相匹配時，輕則傷害自己的利益，重則產生災難性後果。人與人之間的友愛互助以及

見義勇的氣度，是中華民族的傳統美德，應該努力發揚與提倡才是。

智慧小語

管他人閒事也要自己有能力，眞的無能爲力時，做不來壁上觀，就找個有力人士吧！

8 害人之心不可有，防人之心不可無

人不可以存心害人，但也不能不提防別人加害自己。話說楚懷王有一個寵姬鄭袖，非常工於心計。有一次，魏王送了一個美女給楚懷王，被冷落的鄭袖心有不甘，表面上裝作若無其事，對這位新人關懷備至，私底下卻懷著惡毒的計謀。有一天，鄭袖假裝無意地對新的妃子說，楚王嫌她的鼻子高了點，建議她以後見到楚王時要遮住鼻子。過了些日子，楚王問鄭袖，爲什麼新夫人總是把鼻子掩起來，鄭袖假裝猶豫地說，新夫人嫌大王身上有股難聞的氣味。楚王聽了勃然大怒，叫人把這位新夫人的鼻子砍下來。於是鄭袖又重獲楚王的寵愛。

在現實生活中，事物紛繁複雜，人也是魚龍混雜，我們不必對所有人都心懷戒備，但也不能天眞地以爲「天下無賊」。唯有明辨是非，才能減少吃虧上當的危險。

智慧小語

世上最難測的是人心，不要當個黑心人，但也不要單純地以爲世人皆善。

9 天下興亡，匹夫有責

——（清）顧炎武《日知錄》卷十三

一般的老百姓平日所關心的都是和民生息息相關的生活面，可是一旦遭遇國家和民族存亡的時刻，人們也會奮不顧身地跳出來保衛鄉土。比如抗日戰爭中，中華民族全體投身抗戰的洪流中，前線士兵浴血奮戰，工農全力支援，商賈紛紛捐錢捐物，學生投筆從戎。在全民的共同努力下，終於取得抗戰的最後勝利。一些普通群眾也許講不出憂國憂民的大道理，他們卻深知「有國才有家」，抱著堅決不作亡國奴的信念，貢獻著自己的一份力量。

如今我們生活在昇平盛世中，這句話的重要性似乎減弱了。其實不然，國家的興盛和發展，也跟我們每一個公民密切相關。要維持國家的繁榮與進步，正需要人人在自己的工作崗位上盡職盡責，唯有如此，國富民強的日子才能長久。

智慧小語

在什麼位子就堅守什麼責任，這也是對國家社會盡義，對自己盡責了。

10 一心不可二用

趙襄王向駕車高手王子期學習駕車。過了一段時間，趙襄王覺得自己學得差不多了，於是提出比賽的要求，結果趙襄王連輸了三場。趙襄王十分不高興，認爲王子期沒有把眞本事傳給他。王子期回答道：「駕車的時候，最重要的是把全副精神集中在馬身上。可是您今天不管落後還是領先，注意力都在我身上，如何有心思去駕馭馬匹呢？」每個人的精力都是有限的，人的注意力若分心二用，肯定一件也做不好。無論是學習、工作還是從事研究，都必須有專一的心志，這樣才能術業有專攻，達到專精的境界。

智慧小語

好比伸手擊打物體，五指成拳肯定比五指張開的力量要大得多。如果不能定下心來，總是今天做這個、明天想那個，到最後必然一事無成。

11 身在曹營心在漢

《三國演義》中，劉備在與曹操的交戰中打了敗仗，與妻子和關羽失散。當時關羽被曹操俘虜，但曹操非常愛惜人才，一心想將他招為己用，對他十分尊敬，一直以上賓之禮相待。而關羽為了保全劉備的家小，只得羈留在曹營中，可是心裡還是惦記著劉備。後來，他得到了劉備的消息，於是馬上護送劉備的家眷，過五關、斬六將，千里走單騎，終於與劉備會合。

其實，「身在曹營心在漢」有時是無奈之舉，有時卻是出於某種目的。但無論是哪一種情形，總會使自己處於一種心理上的緊張狀態，無益於身心健康。所以，我們還是儘量避免這種心理分裂的狀態，讓自己身心合一地健康生活。

智慧小語

人常常迫於無奈做些自己不願意的事，凡事都有兩種以上的選擇，但千萬別選最壞最糟的一個，走向死路是沒有回頭的機會。

12 聽人勸，吃飽飯

漢代的賈誼曾寫過這樣一個故事：虢國的國君剛愎自用，好聽阿諛奉承之辭，無視忠臣的勸諫，結果民不聊生，被晉國攻佔。虢君只好帶著一名侍從倉皇出逃。虢君一路上又飢又渴，侍從就拿出肉乾和水給他吃。虢君問他從哪裡找來這些吃的，侍從回答說是預先準備好的。虢君一聽大感奇怪地問道：「難道你早就知道我將會出逃？那麼什麼不早點進諫？」侍從答道：「因爲您只愛聽好話，我要是進諫，只怕虢國還沒滅亡，自己就先死了。」虢君聽了這番回答，怒氣欲發，這名侍從見狀趕緊改口，不住賠罪，虢君這才慍色稍霽。過了一會，虢君又問侍從，爲什麼他會落到今天這步田地，侍從這次學聰明了，回答道：「這全是因爲大王太聖明的緣故。」虢君不解地問：「聖明的君王應該能使人民安身立命，受百姓愛戴，我怎麼會逃亡呢？」侍從機伶地答道：「那是因爲天下諸侯都是不肖之徒，他們妒忌您的聖明，恨不得把您置之死地而後快，所以您才會被迫出亡。」虢君聽了這話覺得很有道理，非常高興。於是下車在山中找了一塊地方休息，很快就睡著了。此時侍從便趁機溜走，虢君最終就餓死在山中。

一個人能夠虛心聽取別人善意的規勸，就會少走許多冤枉路。如果喜歡聽讒言並且執迷不悟，可想而知，他的下場可能會像虢君一樣悽慘。然而，這句話說起來容易，做起來可不簡單，唯有先修養自己的氣度，才能平心靜氣地接受別人的苦口良言。

智慧小語

天做孽尤可違，自做孽不可活。明明事實就擺在眼前了，虢君還是一犯再犯，是聰明還是笨蛋呢？人若沒有自知之明，沒有明辨是非對錯的能力，不懂得再三反省，也就怪不得歹事落在自己頭上了。

13 宰相肚裡能撐船

這句話是用來形容大人物或者品德高尚的人胸襟寬闊，爲人處事豁達大度。一個人能做到宰相的位置，沒有一點度量是不行的。北宋時候，有天蘇軾去拜訪宰相王安石，恰好王安石不在家，蘇軾看見王安石的書桌上寫著兩句詩：「西風昨夜過園林，吹落黃花滿地金」。蘇軾認爲詩的描述與實際情況不一，秋天的菊花應該是「寧可枝頭抱枝死」，怎麼可能被狂風吹得滿地都是呢？蘇軾自恃才高，就在詩的後面添了兩句：「球花不比春花落，說與詩人仔細吟」。王安石回來後看見蘇軾的接句，只是淡淡一笑，並沒有計較。後來蘇軾親眼見到了滿地黃花的景象，這才知道自己的孤陋寡聞，接句之舉實在是無知的賣弄，而王安石的寬容大度更讓他慚愧不已。

我們普通人不一定能當上「宰相」，但也應該時時修養自己的氣量。遇到別人得罪、欺騙或背叛了你，大可不必睚眥必報，能夠原諒的就寬以待之，如果什麼事情都耿耿於懷、氣量狹小的話，首先受害的就是自己的身體。話又說回來，任何事都有個限度，「肚裡能撐船」不代表可以任人欺侮，兩者可不能畫上等號。對於惡意的誹謗或陷害，還是應該回以痛擊，切勿助長惡人的囂張氣焰。

智慧小語

不要受了人誤會就心焦地解釋，清者自清，濁者自濁，練就置身事外的從容態度，你能看見的視野會更寬廣。切勿用激烈的言辭，自以爲是地糾正別人的錯誤，想一想，怎麼說才能讓別人接受你的勸告，又不會傷了和氣。

14 人怕出名豬怕肥

豬養得肥了，難免要受一刀之苦，所以「豬怕肥」的道理淺顯易懂，但這個道理要是放在人類社會中，是否也能成理？回顧社會現狀，人人都爭著要出名，因爲有了名，利就會隨之而來，名利都是人們趨之若鶩的，怎麼說「人怕出名」呢？

其實，人的名氣一大就成了眾人的焦點，雖然帶來利益，但也得捨棄許多平凡人的權利。比如大螢幕上的明星，雖然日進斗金，但每天都要馬不停蹄地趕場，時間表排得密密麻麻，毫無自由，到哪兒都得偷偷摸摸，永遠戴著一副誇張的大墨鏡。此外，要是不小心沾上謠言、緋聞和官司，就跳進黃河也洗不清了。古語說的好，「木秀於林，風必摧之，堆出於岸，流必湍之」，太過突出醒目，就難免成爲目標。比如大陸體育界現在最當紅的運動員劉翔，出名之後，各種應酬紛至遝來，因此他年紀輕輕卻顯得滄桑疲憊。

人在沒出名之前總想著成名的種種好處，一旦出了名，卻又滿心厭惡隨之而來的各種「副作用」，大嘆名人難當。其實，天下沒有白吃的午餐，既然選擇了這條道路，好的壞的都得照單全收。

智慧小語

加在身上的外在光環，炫目的令人張不開眼，不僅可能令自己看不清前路，也讓人看不到你的內在本質。

15 病從口入，禍從口出

——（晉）傅玄《口銘》

「病從口入」這句話十分容易理解。根據科學研究發現，人們所生的各種疾病，大部分都跟不良的飲食習慣有關。最直接的反應，就是吃了不衛生或不新鮮的食物後引起的腸胃問題。此外，高脂肪、高糖分、高蛋白的飲食，也會導致高血壓、脂肪肝、痛風等疾病。而酗酒的害處就更不用說了。所以，管住自己的嘴，就是通往健康的第一步。

而「禍從口出」，我們可以從一則古代寓言說起。蘇軾的《艾子雜說》中記載，艾子有一天發高燒，夢遊陰曹地府，正碰上閻王爺升堂問事。這時幾個鬼抬了一個人上來，說這個人在陽間做盡了缺德事。閻王爺罰他受億萬斤柴火燒煮之苦，並命牛頭鬼押他去行刑。押解途中，此人私下問牛頭鬼，爲什麼要穿著破爛的豹皮褲子。牛頭鬼回答說，陰間沒有豹皮，只有從人間祭祀焚燒才能得到，這個人一聽趁機獻媚說，他舅舅是獵戶，家中有各種皮草，如果牛頭鬼肯少放些柴，縮短他的刑罰，他就請親人焚化十張獸皮作爲回報。牛頭鬼聽了大喜，答應了這個交易。等到這個人要回到陽間之前，牛頭鬼特意叮囑他千萬別忘了豹皮，誰知那個人做了首詩諷刺牛頭鬼貪贓枉法。牛頭鬼大怒，把他叉到滾水鍋裡，還添了更多柴火下去煮。艾子醒了之後，便勸戒弟子們必須相信「禍從口出」這句話的教訓。歷史上很多人都是因爲說錯了話，引來殺身之禍。所以我們平時說話一定要謹慎，不要口出惡言、信口開河，應該對我們說的每一句話負責任。

智慧小語

計劃的事都有可能出錯了，更何況隨口說出的話，造成誤解的可能性自然更高了，所以說話不可不謹慎小心。

16 放下屠刀，立地成佛

——（宋）釋道源《景德傳燈錄》卷二五

這兩句話本是佛教語，用以勸人改惡從善，立成正果。在佛教的教義中，認爲殺生是最大惡業之一，身後會入地獄受刑，而放下屠刀就是不殺生，亦泛指不造一切惡業，如此才能得到種種福報，進而擺脫輪迴。

傳說慧忠在南陽修道時，有一次身陷群賊的包圍，慧忠臨白刃卻毫無懼色。爲首的強盜首領反而被他的鎮定嚇住，急問：「你是人還是神？」慧忠答道：「神爲人造，人將神立，人也就是神，神也就是人。每個人都有佛性，皆可成佛。施主有一顆善良、純潔之心，只是被欲望和執著所染汙，深陷於欲壑之中不能自拔。」賊首一聽，十分慚愧。慧忠接著勸道：「害人必害己，你殺害別人的同時，也把自己的心給殺死，如此終將咎由自取。只有放下屠刀，才能立地成佛。」賊首聽了，如夢初醒，忙將劍擲到地上，跪下請慧忠收他爲徒。

如前文的故事所述，這句話的本義原是慈悲剛正，勸人爲善，但弔詭的是，如今也漸漸變成惡人犯罪時的自我安慰之詞。既然放下屠刀就能立地成佛，那麼放下前就可以隨意殺人。魯迅先生在《准風月談》中也揭穿了一些以此作幌的惡人嘴臉，書中寫道：「古時候雖有『放下屠刀，立地成佛』的人，但因爲也有『放下官印，立地念佛』而終於又『放下念珠，立地做官』的人，這一種玩意兒，實在已不足以昭大信於天下。」因此再好的理念，被一些別有用心之士利用之後，都會變質。

智慧小語

人無完人，犯了錯不可恥，最可怕的是，明知犯錯了卻不認錯，還一錯再錯，恐怕連佛陀也會搖頭嘆息吧！

17 江山易改，本性難移

西方有個寓言是這麼說的：一隻蠍子想過河，但牠不會游泳，就請求青蛙背牠過河。青蛙一開始不答應，怕蠍子會螫牠。但是蠍子反問道：「如果我這樣做，不是害得你我同歸於盡嗎？」青蛙聽了覺得很有道理，於是爽快地背著蠍子過河去。但萬萬沒有想到，才游到河中央，蠍子就在青蛙背上狠狠螫了一下，青蛙痛不可當，雙雙都沉到河底了。青蛙在下沉前，不甘心地問蠍子：「爲什麼你要這麼做？」蠍子回答：「沒辦法，因爲我是蠍子呀！」

古人說：「積習難改」，雖說本性一旦形成，很難改變，但是當我們意識到自己的性格特徵有所缺陷時，還是應該努力去克服這些缺點，如果連「本性」都能「移」，那還有什麼事情做不到呢？

智慧小語

壞習慣或不良態度都是長時間的積累，其威力有了時間的加持，終會成爲人生中的大危機。

18 不為五斗米折腰

——（唐）房玄齡等《晉書・陶潛傳》

話說陶淵明在彭澤縣當縣令時，有次郡裡來了位官員，到他的屬地辦公，事前還派人送信通告，要他備妥迎接。根據當時的官場慣例，所謂準備，其實就是備好禮品，擺下筵席，再穿上正式的官服，必恭必敬地迎接。對此，陶淵明非常生氣，喝道：「我絕不為這五斗米官俸，向人低聲下氣地獻殷勤！」說罷，他脫下官服，交出官印，辭官回鄉去。

其實，人在任何時候，都不能喪失自己的尊嚴。有些人做事不擇手段，以為這樣更容易達到目的，但是失尊嚴、損人格的事情，只會使內心的大平漸漸失衡。因此，不論從個人或社會的角度來看，尊嚴都是絕對必須的。

智慧小語

彎腰，不是捨棄尊嚴；妥協，不是喪失志氣。是為了堅持正當的理想，做正確的事。

19 滿招損，謙受益

——《尚書・虞書・大禹謨》

這句話是跟從夏禹征苗的伯益，爲了勸禹班師回朝，並改採以德懷柔的政策時所說，意思是：自滿會招來損失，謙虛會得到益處。後來成爲勸人謙虛爲懷，切忌自傲、自滿的名言。

謙虛是我們中國人的傳統美德。《史記》記載，孔子要去周國，因此千里迢迢，登老子之門以求教「禮」，所得者僅「去子之驕氣」五個字而已。孔子深明其道，所以向弟子說：「老子其猶龍耶！」

再談清代大學問家戴震，有一次與老師進京面聖時，老師因爲緊張而不能回答皇上的問題，於是戴震就代替老師回答。他的口若懸河使皇上十分高興，可是戴震卻說：「我的程度遠不及老師，老師年老耳背不便回答，但他的學問卻遠勝我許多。」皇上聽他這樣回答，認爲他的謙虛精神十分可貴，於是賜他爲翰林。印度詩人泰戈爾也說過，當我們大爲謙卑的時候，便是我們最近於偉大的時候。

「氣籠星欲盡，光滿露初多。若遣山僧說，高明不可過。」所以說，懷存一點謙虛的空間，細心一點做人的道理，自斂一點逾矩的行爲，反思一點生活的起伏，對於人生不僅是快事一件，也能使社會的氣氛更祥和圓融。

智慧小語

一個人的心如果像大海一樣廣闊，便能包容世上一切，遇事不驚，遇險不懼。

20 蒼蠅不叮沒縫的蛋

蒼蠅追腥逐臭，愛叮有縫的蛋，這是蒼蠅的天性。人和人之間的關係畢竟不是蒼蠅和雞蛋之間的關係那樣簡單。任何人手中握有權力，都難免會被心懷鬼胎、追權逐利的人盯上，他們會想盡辦法，圍繞在你的身邊，爲自己撈取更大的利益。一旦發現你的弱點和缺口，更會針對這個弱點使出渾身解數。這個時候只有兩種選擇，一是與他們同流合污，做臭味相投的「最佳拍檔」；要不就是清廉自律，讓「蒼蠅」們無從下手，自討沒趣地離開。然而，要做到這一點是十分困難的，因爲每個人都有自己的弱點和愛好。對於那些投其所好的人，我們通常很難拒絕魔鬼的誘惑。

除此之外，最冤枉的恐怕是那些眞正的「好蛋」，因爲世界的「蒼蠅」太多，「壞蛋」也太多，於是許多好人也被人們理所當然地歸入「壞蛋」之流。例如立委、議員等官員，其中雖然也不乏清正廉潔的人，可是給公眾的印象，總和獻金、關說脫不了關係；再比如律師，一個道德高尚、行爲檢點的律師也無法逃避別人的懷疑，再公正的案件也少有人眞心相信它的公平性。雖說如此，人們還是應該努力與心中的魔鬼對抗，盡力守住心中的正義與公平，如此美好的社會必在不遠處。

智慧小語

看見任何人有錯、有危機而能不落井下石的人少，就像蒼蠅遇見了腐肉；人心的偏差就像腐中之蛆，令心正者見之欲嘔。

21 瓜田不納履，李下不整冠

——古樂府〈君子行〉

古樂府〈君子行〉中寫道：「君子防未然，不處嫌疑間；瓜田不納履，李下不整冠。」這首詩的意思是說：經過別人的瓜地時，不要提鞋子，從人家李樹下走，也不要整理帽子，免得引起偷瓜摘李的猜疑。這是勸誡人們舉手投足之間要謹慎小心，以免惹來不必要懷疑。民間傳說古代有個寡婦要改嫁，婆家人不同意，後來寡婦寫了張狀紙投入縣衙，縣官一看，訴狀上寫的是：「翁壯叔大，瓜田李下。惹人笑話，當嫁不嫁？」縣官看了倒也痛快，大筆一揮批示道：「嫁！」

俗話說：「人言可畏」。很多事情又不是單憑一己之言能夠說清楚的，比如與異性相處時不重分際，自然會傳出許多流言；或者與貪官汙吏之間來往密切，別人也會懷疑其中是否有不可告人的交易。即使你有十張嘴，也很難證明自己的清白。常言道：「常在河邊走，哪能不濕鞋」，與其這樣，還不如早作提防，儘量避免這種事情的發生，少授人以柄。

南北朝時期，北齊人袁聿修被人譽爲「清郎」，據說在他當尚書的十多年裡，從未喝過別人贈的酒。有一次，袁聿修到外地考查官吏，他的老朋友、兗州刺史邢邵送給他一匹白綢。袁聿修反覆思索，寫了封信給邢邵，信裡說：「古人對瓜田李下的事都很謹慎，你的好意我心領了，這禮物我萬萬不能要。」古代的君子講究「愼獨」，現代人也應該借鑑一下，比如說，如果當上政府的官員，就不要把自己的親屬安插在重要部門，也切忌與商家互動過於密切。要避免瓜田李下之嫌，才能活得光明磊落、堂堂正正。

智慧小語

清者自清，只是，世間智者少，愚者多，流言從來都是愚者引以爲生活的樂事，言談的材料。

22 飽漢不知餓漢饑

人在飽足的時候，往往體會不到飢餓的痛苦，好比富家子弟，也無法理解窮人生活的艱難。最有名的例子就是西晉時期的晉惠帝，當時發生了大饑荒，百姓只有挖草根、吃觀音土，馬路上到處可見被活活餓死的人。消息傳到了皇宮中，晉惠帝聽完大臣的奏報後大爲不解，對左右的人說：「老百姓既然沒有飯吃，爲什麼不喝肉粥呢？」其實，說出這麼「弱智」的話來，也不能怪晉惠帝，因爲他生長的環境決定了他的思想，他一定是以爲老百姓的生活跟他沒有多大的差別，起碼能天天喝肉粥，沒見識過「食不果腹」、「衣不蔽體」的皇帝，自然也想像不出饑荒的慘況。

可是我們不是晉惠帝，生活在當今資訊發達的時代，即使足不出戶，也能瞭解到非洲的內亂和饑荒，知道世界上還有那麼多人在經受著貧窮和疾病的折磨。我們不可能一直是「飽漢」，也會有處於困境的時候，能夠體會到那種無助和痛苦。所以即使我們豐衣足食，生活在舒適安樂之中，也要理解處於窮困患難之中者的痛苦；更進一步的，要盡自己所能地幫助別人，關注那些弱勢群體，扶危濟困。當然，這樣做的時候，也要眞正站在對方的立場上想一想。比如有些學者和官員在對當前的社會問題提出解決方案時，不是紙上談兵、理論味十足，就是撥撩群眾的情緒，反倒把問題複雜化，越改越糟。這些人都應該把自己跟晉惠帝對照一下，也許能有所省悟。

智慧小語

充實知識智慧，提昇內在涵養，是一個人修身的主要工作，但擁有一顆同理心，實則是超脫修身進入修「心神」的境界。

23 心似平原走馬，易放難收

此俗語整句話是：「學如逆水行舟，不進則退；心似平原走馬，易放難收。」上半部眾所皆知，勸人別怠惰學習，因爲，學習猶如逆水行舟，如不用力划槳，也就是倒退。那麼下半部的「心似平原走馬，易放難收」應如何解釋？其中關鍵在於「平原走馬」。所謂的平原走馬，意思是快速的遊走瀏覽，林語堂曾寫道：「在故宮，散步往往像是平原走馬，只知道到處都是洶湧的美景和無盡的懷思，有時候馬走得太快，回來後什麼都記不得，只有一種膝隴的美感，好像曾在夢裡見過。」林語堂寫的是種朦朧美，俗語傳達的則是，人心彷彿平原走馬般，容易放手，卻又難以收回；若和上半部相呼應，即在說明讀書的當下心境，疲倦之時，不覺放下集中的思緒，可是易放難收，想回到專心的狀態又困難了！

俗語的來源雖然是針對「學習」而論，事實上，「心似平原走馬，易放難收」卻道出人類不專心的情形，正如同「心猿意馬」形容人的心和意如同原始猿猴、脫韁野馬般浮躁，兩詞是不同層次，指的同樣的意涵。就學習和工作來說，這是有礙前進的弊病，應該改善，否則容易失敗和停滯不前；但就人生的角度而論，有時就該如同平原走馬，難收就難收，否則如何品味人生眞正的閒暇味道呢？

智慧小語

在專心工作和讀書時，確實該注意心是否如平原走馬般，易放難收；除此之外，是否別對自己太過苛求，有時該讓心出去走走，休息一下，如此才能繼續活躍地跳動。

24 成見不可有，定見不可無

「成見」，指的是個人對事物的定型看法，先入為主的執著，即便是錯誤，卻依然維持舊有想法，便是「成見」。「成見」，大多是指壞的既定看法，此既定看法使人停滯不前，猶如飲料中本有骯髒的穢物，即便倒入再乾淨的水也不能變得清潔。然而，既定的看法也有好的，人們稱它為「定見」，意思是人們應該保有自我的基本看法，若無定見，人將無所適從，也容易盲從他人的步伐，墮入地獄深淵也不自知。俗語說的精神正是以「成見」和「定見」為對比，勸人學習放棄成見，凡事用客觀的態度看待，不必預設立場，去除我執，自然能認清外界事物和眞心。然而人們不可心存成見，卻也不能沒有定見，它是一個人價值觀之所在，無定見者也就沒有自己的聲音和看法。

俗語看似道出人如何看待自己的觀點，實際上很難區分什麼是成見，什麼是定見，它們不都是既定的看法嗎？確實從本質上而論，「成見」和「定見」兩者都是帶著有色的眼鏡，觀看外界的人事物，都是先入為主的想法；縱使有人認為，妨礙看到眞相的有色眼鏡是成見，幫助看清視野的是定見，此說也很難眞正區分兩者的差異。其實，若能明白人類認知的侷限，這會比區分成見和定見更有價值。

智慧小語

當你帶著有色眼鏡觀看世界的同時，請先把眼鏡拿掉，清空自己的思緒，然後以最純淨的心來欣賞事物，或許這樣還是難免帶有既定的成見或定見，但至少是往宏觀的道路跨出一大步。

25 能管千軍萬馬，難管廚房灶下

每個人都有他的專長，漁夫擅於捕魚，農夫長於耕種，鐵匠擅長打鐵，好的將軍當然就是擁有帶兵的本領。一位優秀的將軍，縱使有千軍萬馬在前，也能神形若定地指揮隊伍，毫無困難之處。如此優秀的將軍若要他做道好菜，又是什麼樣的情況呢？恐怕連做菜的先後順序都弄不清楚，也就搞不清楚到底是要先洗菜，還是先切菜。而這句俗語正是說明了「人有所長」的道理。

「天生我才必有用」，上天賦予每個人有其長處，但並不是每個人都是全才，能是個專才就不錯了！因此，才與才之間也就沒什麼好比較的。除了人與人之間的比較，人事的管理者更應該懂得上述的道理，按照每個人的長處調派人馬，如此一來自然能事半功倍，否則整個團隊必將亂成一團，自然也就毫無成效可言。

智慧小語

人都有優缺點，如何發揮長處，改進短處，是每個人終身的重要課題。

26 莫學燈籠千個眼，要做蠟燭一條心

燈籠的外表有層紙模，底下撐著骨架，看起來像是擁有好幾個眼睛，朝著不同的方向觀望、發光，而俗語正利用這項特色，勸勉人們千萬別學燈籠，頭長千個眼，應該學蠟燭，自始至終都保持著一條心（蕊）。

立定方向後就別任意分心，這是做人的基本道理。人心本就浮動，縱使曾立下明確的目標，也很難保證不會三心二意，見異思遷。多眼當然不好，徒讓自己陷入更多的誘惑當中，只是若想從頭到尾都不變也很難。或許只能告訴自己，盡量保持堅定的心，堅守信念，別讓外界的誘惑給迷惑了！

智慧小語

燈籠雖然向外看有千個眼，然而，往內看都是一根蠟燭而已，因此關鍵不在燈籠本身，而是提燈者從哪個角度觀看啊！

27 萬事勸人休瞞昧，舉頭三尺有神明

俗語說道，人若做了錯事，千萬別想欺瞞，縱使他人不知，也瞞不過神明的眼睛，因爲舉頭三尺有神明，此意是告誡人們不可做壞事，做人做事要憑良心，否則神明在來日將施予懲處。不過也許有人會問：「爲何是三尺呢?怎麼不是五尺、六尺?」其實，三尺是指很短的距離，表示神明近在咫尺，能鉅細靡遺地觀察人的言行，絲毫不漏，不會出錯。

這句俗語中有著深厚的勸誡精神，告誡人們行善去惡，否則將來會有惡報。當然這樣的話在無神論耳中，可是不痛不癢，甚至還挑釁地說，最好能來個懲罰，好證明神明眞的存在。其實，俗語並不在討論是否眞有神明，而是要人做壞事前先想想，別以爲神不知鬼不覺，有時不是不報，只是時候未到罷了!壞事終將被揭發，到時便得服下自己種下的惡果。

智慧小語

不論舉頭三尺是否有神明，人做事若能無愧於心，管他神明遠在天邊或近在眼前。

28 救人一命，勝造七級浮屠

「浮屠」是一句梵語，意指佛塔，而七級浮屠則指七層佛塔。佛塔顯示佛法崇高的威德，因此佛門認為建塔功德甚大，蓋七層佛塔在佛教界是很大的偉業功績。民間則利用這層象徵，創造「救人一命，勝造七級浮屠」的俗語。

救人一命可以累積功德，猶如蓋了七級浮屠般偉大。然而，俗語只是用比喻的方式，講述救人的價值，而不是要人們存著累積福報的功利態度去救人，如此便扭曲了俗語的良好原意。況且，救人本來就是不該求回報的善行，跟輪迴、功德、福報等不應劃上等號，因此雖然俗語如此說道，記得懷著無私的心伸出援手，才是救人的正道，至於是否能為你帶來七級浮屠般的功德，並不是那麼重要。

智慧小語

有沒有七級浮屠般的功德，不應該是幫助他人的動機，況且當你拯救他人遠離困境時，心中自然升起愉悅的心境，這不就是最好的回報？

29 寧爲玉碎，不爲瓦全

中國人面對「命」和「義」的取捨有兩種態度，一個是「明哲保身」，另一個是「捨生取義」，俗語所贊同的，正是後者的態度。語詞的意涵一方面比喻人寧願保全節操而死，也不願苟且求活；一方面亦可比喻堅持某種信念，人可以不計任何代價而犧牲。

公元五百五十年，北朝的大將軍高洋建立了北齊。某年出現日食，高洋擔心皇位，因此把姓元氏皇族全部殺光，消息傳開，元姓都很害怕。當時有個名叫元景安的縣令，他認爲只有請求高洋准許他們改姓高，才能得以保命。景安的堂兄元景皓堅決反對，他說：「怎可拋棄本姓以求保命呢？大丈夫寧可做玉器，也不願爲了保全而做陶器。」諸如元景皓有「寧爲玉碎，不爲瓦全」之精神者，歷史上有許多，例如文天祥、史可法，他們堅持信念的精神，確實值得人們學習和效法。

智慧小語

寧願光榮地死去，也不要苟且偷生，因爲人類的價值就在於堅持的精神。

Part6

▸▸ 成功借鑑篇

1 千里之行，始於足下

——《老子．六十四章》

「合抱之木，生於毫末；九層之台，起於累土；千里之行，始於足下。」任何事物都有一個由小到大、由弱到強的發展變化過程，人們要認識這一規律，明白遠大的目標是從小開始、由少積累，一切都要從眼前的細節開始，靠的是腳踏實地的努力。

道德修養和學問的積累都需要踏實的態度，一點一滴的恆心。然而當今社會處在加速度發展的壓力下，民風浮躁，急功近利，無論做什麼事，「速度」都是人們追求的目標。走在大街上，滿眼都是「速成」、「捷徑」。試想曹雪芹如果生在現代，若不是餓死，就得轉型成暢銷書作家，哪還有時間讓他慢慢琢磨一部經典？

智慧小語

當你立足於腳下的時候，心應該設想到千里之外；如此，才能一步步走向前方。

2 當斷不斷，反受其亂

——（漢）司馬遷《史記・齊悼惠王世家》

西漢時，齊王想發兵除掉諸呂，齊相召平聽聞後立即派兵包圍了齊王的王宮。中尉魏勃假言贊同包圍王宮的舉動，並表示願意派兵協助包圍。召平信以爲眞，任由魏勃派兵，沒想到魏勃出兵後直指相府，最後召平被迫自殺。臨死前，他便說了「當斷不斷，反受其亂」這句話，後悔應當做出決斷的時候猶豫不決，結果把事情搞砸了。

常言道：「機不可失，時不再來。」時機稍縱即逝，如果沒有好好把握，事到臨頭猶豫不決的話，必會坐失良機，導致失敗。因此，爲人處事不能總是瞻前顧後，前怕狼後怕虎，特別是到了關鍵時刻，一個果斷的決策往往是制勝的關鍵。

智慧小語

決斷的氣魄是成功者的特性。人生就好比一場賭局，看準了優勢就要放膽下注，若是太過畏縮猶疑，再多的機運都是白費。

3 不入虎穴，焉得虎子

——《後漢書‧班超傳》

東漢名將班超奉命出使西域。當時條件非常險惡，漢軍人生地不熟，又長途跋涉，人困馬乏。在這種情況下，班超沒有退縮，勇往直前。此外，他還想了一個計策，趁天黑的時候深入敵軍腹地，採用火攻的方式突襲敵營，敵人不知道他們的實際兵力，必定會引起混亂和恐慌，漢軍再趁機將匈奴一網打盡。最後，憑著這種大無畏的精神，他擊退了匈奴，鞏固漢朝在西域的統治，確保絲路的暢通。

因此，人們用這句話來說明面對艱難的任務，不深入險地就不會獲得成功，不冒風險就達不到目的。想要取得成功、做大事，不冒一點風險是不可能的。但這句話並不是鼓勵人們去做無謂的犧牲，而要像班超那樣，有勇有謀，審時度勢，才能眞正獲得成功。

智慧小語

就像風雨過後，天高氣爽，人若沒有經過困境的折騰，怎麼嚐得出成功不易的甜美。

4 快刀斬亂麻

南北朝時期，東魏的高歡大權在握，但當時政局動蕩不安，不免有些後顧之憂，擔心子孫未來的命運。於是他想了一個辦法，考察兒子們的聰明才智。他把兒子們都召集來，每人發了一團糾結在一起的亂麻，看誰能用最快的速度整理出來。兒子們一根一根地梳理，忙了半天，甚至越理越亂。這時候，一個叫高洋的兒子拿來一把鋒利的刀，手起刀落，把亂麻斬成幾段，三兩下就把亂麻理好了。高歡非常高興，覺得這個兒子最聰明、有魄力，以後必定能成大事。後來高洋果然推翻東魏政權，建立了北齊王朝。

很多時候我們都會面臨一團亂的局面，讓人感到無從下手。這時候更要保持頭腦的冷靜，分析問題的關鍵，從最主要的問題著手。如果在細節上糾纏不清，只會越陷越深，更加看不清問題的根本。

智慧小語

遇到突發事件，要迅速抓住癥結，才能快速解決問題，將損失減到最小。

5 英雄無用武之地

——《資治通鑑・漢紀》

東漢末年，曹操初步統一北方，率兵二十餘萬（號稱八十萬）南下準備統一中國。這時候劉備失去了根據地，兵微將少，根本無法與曹操抗衡。諸葛亮提出「聯吳抗曹」的主張，並前往東吳遊說孫權與劉備聯手。他見了孫權，分析當時的局勢。他認爲，劉備雖然在江南收服了人心，稱得上是個英雄，可是荊州失陷後，「英雄無用武之地」，缺少施展才華抱負的地方。而此刻正是孫權權衡利弊，早做抉擇的時候：如果認爲吳、越的力量足以與曹操抗衡，應該及早一刀兩斷，與劉備聯手抗曹；假使自認不敵曹軍，不如早早放下武器，投降曹操；猶豫不決只會落得大禍臨頭。孫權聽了諸葛亮這一番分析，於是決定放棄騎牆，與劉備結盟。最後赤壁一戰，大獲全勝，奠定了三分天下的基礎。

俗話說：「是金子總會閃光。」常有人哀嘆自己懷才不遇、英雄無用武之地，其實只要有眞才實學，總有被人賞識的一天。在過去，確實有很多人才埋沒於社會制度和門第偏見中，但在今天這個開放的多元社會中，到處都有讓人充分展示才華的舞台，機會俯拾即是。因此，要是再以這句話爲自己的無能開脫，就說不過去了。

智慧小語

任何人都需要一個能發揮自己特長的平台。是人才，就更應該找到適合自己的舞台。正如孔子所說，君子處世，沒有名氣，就該自己檢討了。

6 只要功夫深，鐵杵磨成針

傳說唐朝的大詩人李白小時候不愛讀書，喜歡到處遊玩。有一次，他走到河邊，看見一位老婆婆在石頭上來回地磨著鐵棒。李白覺得奇怪，就問老婆婆為什麼要磨鐵棒，老婆婆說，她要把這根鐵棒磨成一根繡花針。李白一聽更詫異了，他心想：「這可能嗎？得花費多少時間啊？」老婆婆卻說，不管用多長時間，只要每天持續不斷地磨，總有一天會完成她的心願。李白若有所思，終於領悟了其中的道理：只要肯下功夫，持之以恆，再難的事情也能做到。從那以後，他發奮苦讀，終於成為中國詩壇上的大家。

當然這只是一個傳說，不過這種滴水穿石、積沙成塔的精神還是值得我們借鑑。不論做任何事情，假使三天打魚，兩天曬網，怎麼能做得好呢？成功者並沒有特殊的捷徑，只有具備堅忍不拔的意志和持之以恆的信念，才能夠獲得成功。

智慧小語

沒有「量」的積累，就難達到「質」的突破。頓悟也需要長期醞釀，才終能爆發。

7 捧著金碗要飯吃

宋國有人善於煉製一種防止皮膚龜裂的藥膏，塗上後即使冬天也不會凍傷，所以世代都以漂洗棉絮為生。有個外地人聽說了，願意出一大筆錢買下藥方。宋國人十分高興，很痛快地把藥方賣給那個外地人。外地人拿到藥方後，立即遊說吳王進攻越國。原來，當時正值寒冬，若涉水交戰，吳國的士兵會因手足凍裂而影響戰力，一旦有了這個藥方，吳國的軍隊就能輕鬆打敗越國。而這個外地人也因獻藥有功，得到許多賞賜。賣藥的宋國人後悔不已，別人也笑他是「捧著金碗要飯吃」。

這句話便是用來比喻不懂得善用自身的有利條件來發財致富，好比是捧著金飯碗的乞丐。因此，人們在規劃自己的職場生涯時，應該首先仔細審視自身的條件，分析自己的長處與短處，選擇出最能發揮己長的行業。如此，才不會成了坐在金礦山上的乞丐。

智慧小語

人在事前往往看不到自己的優勢，再回首才發現早已失去先機，錯過了成功的機會。

8 捨不得孩子套不著狼

傳說古代有一種誘捕狼的辦法，就是在狼群出沒的地方挖一個坑洞，蓋上一塊木板，木板上留一個能讓狼爪子伸進去的小洞，獵人抱著一個小孩子躲在坑洞裡。狼聽到小孩子的哭聲就會循聲而至，把爪子伸進小洞。這時候獵人就趁勢將狼腿套住，順利抓住這隻獵物。另外還有一種說法，認爲在某些方言中「孩子」和「鞋子」發音相同，所以「孩子」其實是「鞋子」的訛傳，「捨不得鞋子」的意思是指：想捉住狼，就得滿山追逐，難免磨損鞋底，因此想要捉住狼就不能捨不得鞋子。不管由來爲何，此後這句話就引申意指人要達到某個目的，就不能捨不得付出代價或者冒一定的風險。然而，要想套住狼，光有捨得孩子的膽識還不夠，最重要的是要有套住狼的方法，否則落個賠了夫人又折兵的下場，可就得不償失了。

智慧小語

做任何事都要付出代價。在抉擇的當口，唯有具備膽識的人才能出線。

9 磨刀不誤砍柴工

「工欲善其事，必先利其器。」子貢曾問孔子怎樣實行仁德，孔子比喻說，就好比工匠想要做出好作品，一定要先將工具磨利，操作的時候才能得心應手，事半功倍。實行仁德也是一樣，住所附近的賢能之人都是實行仁政的得力助手，要尊敬這些大夫中賢能的人，結交士人中有仁德的人。

「磨刀不誤砍柴工」說的也是同樣的道理。磨刀看似耽誤了時間，但正由於刀鋒銳利，才能提高工作效率，縮短工作時間。操之過急的人面對事情總想即刻動手執行，其實這時候不妨多想一想，是不是有什麼方法或工具，能更快、更有效率地解決問題？又有哪些準備工作可以預先完成？善用俗語中蘊藏的智慧，我們就可以找到聰明做事的途徑。

智慧小語

沒有利器，就難以成就一番事業。打造工具，雖然耗時費力，但等到萬事俱備，爆發出來的功效自然驚人。

10 士別三日，當刮目相看

——（南朝・宋）裴松之注（晉）陳壽《三國志・吳書・呂蒙傳》

三國時期的呂蒙是東吳的大將軍。他很小的時候就從軍，沒有什麼機會讀書。主公孫權期勉他把握時間，努力學習，呂蒙聽從勸告，發奮讀書，最終成爲飽學之士。有一天魯肅遇到呂蒙，與他交談了幾句，非常驚訝於呂蒙的轉變，他說：「原本我以爲你只懂得打打殺殺，今天才發現你已經不是我本來認識的那個阿蒙了！」呂蒙回應道：「士別三日，就應該令人刮目相看。」呂蒙努力提升了自己的實力，也改變了自己在他人心中的形象。

從觀者的角度來看，有時我們常會不自覺地用舊有的眼光去評斷他人，卻不知人是不斷在變化，不應只單靠過往的評價來衡量他人；再從轉變者的角度來講，這個故事也說明了只要有恆心和決心，人人都可以讓自己改頭換面，令人刮目相看。

智慧小語

儘管起點不如人，只要在各方面努力充實自己，必能使自己煥然一新。

11 將在外君命有所不受

——（漢）司馬遷《史記・孫子吳起列傳》

春秋時期，孫子帶著他著述的兵法拜見吳王，吳王爲了試探孫子帶兵的本領，就從宮中挑出一百八十名宮女交給他指揮演練，還派了兩名寵愛的妃子擔任隊長。一開始，宮女和妃子只覺得有趣，根本不聽指揮，兩位妃子更是絲毫不把孫子放在眼裡。於是孫子命人將她們抓起來，按軍法處死。吳王見狀，趕緊替妃子們求情，但孫子卻答道：「將在外君命有所不受」，還是把她們殺了，其他宮女們嚇得再也不敢破壞紀律。

打仗的時候，不在前線的國君不一定瞭解前方的實際情況，下達的命令也很可能是錯誤的，因此前線的將領們絕不能一昧地聽從後方君王的號令。然而，要做到「不受君命」，除了要有膽識，更要有口才，否則輕則落得陣前換將的下場，重則性命都可能不保。

智慧小語

身爲下屬也應有獨立思考的能力，需給予建言時勇敢提出，切勿盲目地聽從指令。

12 勝敗乃兵家常事

——（五代・後晉）劉昫等《舊唐書・裴度傳》

這句話出自《舊唐書・裴度傳》，原文是「一勝一負，兵家常勢」，後來就漸漸演變成「勝負乃兵家常事」。勝利或者失敗，對於帶兵打仗的人來說十分尋常，因此不必將一次的勝負得失看得太重。通常，這句話是用來勸慰戰敗者。三國時期諸葛亮率兵出祁山討伐魏國，由於街亭失守而不得不退兵。諸葛亮回朝後主動向後主劉禪請罪，劉禪便用這句話勸慰諸葛亮，要他不必過分自責。

一次的失敗並不意味著什麼，仔細深思其中的教訓就會走向成功。有些人容易被失敗挫傷銳氣，從而失去繼續努力的動力，這時候不妨想一想古人的榜樣，諸葛亮如果總想著第一次的失敗，也就不會有後面的六次出祁山了。

對勝利的渴望和對失敗的恐懼，往往容易讓人在當下感到巨大壓力。在比賽場上，經常可以看到這樣的例子，一方本來優勢佔盡，但卻由於壓力太大而表現失常，最終含淚吞下敗仗。太渴望勝利，反而可能會使心態失衡。如果能對勝敗看淡些，將更有助於贏得勝利。所以說，「勝敗乃兵家常事」不僅是對失敗者的寬慰，也是對正在努力爭勝者的勸誡。任何時候都應該保持著平常心，勝利要努力爭取，失敗也無所畏懼。

智慧小語

人生是一座山峰，有高有低，有成有敗，保持一顆平常心，處處都是好風景。

13 識時務者爲俊傑

——（晉）陳壽《三國志・蜀書・諸葛亮傳》

這句話出自三國時期的一個故事。當時劉備想要成就大事，一直在物色有卓越見識的人來輔佐他。劉備聽說司馬徽在襄陽非常有名，便去拜訪他，並問他對當今天下形勢的看法。司馬徽說：「我是一個平庸的書生，怎麼會認清這天下大勢？能認清大勢的乃傑出人才，這裡的諸葛亮和龐統，才是這樣的俊傑」。

現在人們在使用這句話時，已經不單純只用來形容傑出人才，而是來勸誡人們要認清大形勢，順應時代潮流，而相反的，就叫「不識時務」。所謂「識時務」是指瞭解客觀環境的變化，適切地予以應對。人們的生活及工作環境總是在不停地變化，如果能夠注意當前的變化，並預期今後的變化，就能夠提前採取行動，避免被無預期的變動所傷，甚至從中得利。當面臨危機時，尤其要認清形勢，仔細評估各種對策的後果，採用最有利的方式。在錯綜複雜的形勢面前，如何體察其中的利害關係，是不容易的事情。很多人在考慮解決辦法時，又放不下面子問題，白白使自己的權益受損。古人的這句話也提醒著我們：「識時務」的同時也需要大智慧。

智慧小語

做事最要不得的是盲目，沒有計劃，沒有衡量當下的狀況，白做工便避免不了，更別談什麼成大事了！

14 成大事者不拘小節

古人有言：「大行不顧細謹，大禮不辭小讓。」縱觀古今，成大事者很多都是不拘小節的人。比如漢高祖劉邦，即使當上了皇帝，也不離小混混本色，回鄉省親，竟然跟村民一起唱歌跳舞，放浪形骸。村裡有些老人甚至還不相信，這個劉家的「小流氓」竟然當上了皇帝。可是在一些關鍵的大是大非上，好比與項羽爭霸天下，漢初誅殺功臣，他卻絕不含糊。現實生活包含的紛繁複雜，很少有人能全面顧及，因此只有善於抓住重點，不糾纏於細枝末節，才能大刀闊斧地解決大問題，更快獲得成功。再比如諸葛亮，他是人們公認的聰明人，可就是因爲太聰明能幹，於是無法放心讓他人代勞，事必躬親，對於一些原本不需要宰相親自處理的瑣碎小事，他也要一一照顧周全，史書記載他：「軍中罰二十以上必親覽」，最終勞累過度，出師未捷就含恨而死。

然而，這句話也不該被解讀成「成不了大事的人才注意細節」，這種理解其實並不正確。芸芸眾生中能做大事的人其實不多，多數人做的都是一些具體、瑣碎又單調的事情。不過，這就是我們的生活和工作，它也可能是成就大事的基點。老子曾說：「天下難事，必做於易；天下大事，必做於細。」古語也云：「一屋不掃，何以掃天下。」從小事開始，也可能是邁向成功的起點。

智慧小語

見大不見小，細節往往成爲敗筆；見小不見大，目光便短淺，人成不了大器，也做不了大事。

15 成也蕭何，敗也蕭何

——（宋）洪邁《容齋續筆‧蕭何給韓信》

這個典故出自西漢時期的一段歷史。蕭何是漢高祖劉邦的重要謀臣，他曾「月下追韓信」，向劉邦大力推薦善於用兵打仗，當時卻不受重用的韓信做大將軍，韓信也確實爲漢朝立下了汗馬功勞。後來有人向劉邦的妻子呂后告發，密告韓信謀反。呂后想把韓信召進宮來，又怕他不肯就範，就同蕭何商議。蕭何獻計，以慶賀掃平叛亂爲由，騙韓信進宮。韓信一進宮，就被呂后以謀反罪名誅殺於長樂宮。韓信藉助蕭何的推薦，拜爲大將，但也因爲蕭何的設計而掉了腦袋，所以民間就以這個典故造出「成也蕭何，敗也蕭何」這句俗語，比喻事情的成敗或好壞都由於同一個人。

其實，表面看起來，成敗似乎都歸因於某人；實際上，眞正的責任所在，卻不是一言兩語能說清楚的。以韓信的成敗爲例，蕭何只是一個誘因，主要的關鍵恐怕還是在韓信的個性本身。有些人過於相信外界因素對命運的影響，希望自己能遇上「伯樂」，實際上命運只能掌握在自己手裡。韓信如果沒有眞才實學，不會得到蕭何的賞識；而他如果不優柔寡斷、戒心不足，也不會落得如此下場。「貴人」既然能提供成功的機運，也可以輕易將之置於死地。與其把自己的命運寄託在別人身上，不如提高自身的能力，細察局勢，並改正自身弱點，如此才是成功與久安之道。

智慧小語

水能載舟亦能覆舟，凡事都有好壞兩面，一個人握有的優勢也會因爲時勢而成劣勢。

16 放長線，釣大魚

善於釣魚的人，目標絕不是小魚小蝦。他們總會把線放得很長，極有耐性地等待大魚上鉤；當大魚上鉤之後，他們會不慌不忙地收幾下線，慢慢讓魚接近岸邊；當大魚掙扎時，又放鬆釣線，讓魚游竄幾下，再慢慢收線。這樣反覆幾次，等到大魚精疲力盡，自然乖乖束手就擒。長於計劃人生的人，都懂得這個「放長線，釣大魚」的道理，不斤斤計較於眼前的一點小利。喬伊·吉拉德是世界上最有名的推銷員，他獨創了一種促銷方法，原理就是「放長線、釣大魚」。他認爲所有已經認識的人都是自己潛在的客戶，每個月都會寄各類信函問候這些潛在客戶，但從不直接替自己做廣告，叫別人購買商品。不過，可不要小看這幾張印刷品，它們實際上是一種長期的感情投資。喬伊·吉拉德這種不講推銷的推銷，反而給人留下深刻的好印象，一旦人們想買這些商品，往往第一個想到的就是他。最後他便憑藉著這種並不複雜，但貴在堅持的推銷手法，獲得極大的成功。

目光放得長遠一些，才能獲得更大的利益。與人結交也是一樣，只有日積月累的眞實情感才能打動人心，而趨炎附勢、死纏爛打的追逐只會引起別人的厭惡，遭人回絕也在意料之中了。只要學習喬伊·吉拉德的恆心和耐力，「大魚」還會遠嗎？

智慧小語

等久了就是你的？等，是一門藝術，像姜太公釣魚，要智慧與耐心並行，不躁進，時間一到，便手到擒來。

17 做一行，愛一行，成一行

有一個連鎖超市的收銀員，他每天都重覆著幾乎不用動腦的簡單工作。有一天，他聽了一個主題為建立工作意識和重燃敬業精神的演講之後，開始希望讓自己單調的工作變得更豐富一點。每天晚上回家後，他開始尋找生活中的點滴心得，將它們打成許多份，並在每一份的背後簽上自己的名字。第二天，他幫顧客包裝商品時，就把這些溫馨有趣或發人深省的「每日心得」放入購物袋中。後來有天，店經理到店裡巡視，發現他的結帳櫃台前，排隊的人竟多出三倍！原來，顧客們只是想得到他的一張「小紙條」。

人生最理想的狀態，就是能按照自己的喜好選擇職業，並有所成就。不過，能實現理想的人畢竟是少數，多數的人，從事的職業並不一定是自己最感興趣的領域。這時候有兩種選擇，一種是消極怠工，只求養家糊口，另一種是努力培養對工作的熱愛，並從中獲得樂趣。當一個人「做一行，愛一行」時，才會發揮出最大的能量，也才有可能獲得成功。馬丁路德・金說：「任何工作都有其意義，所有對人類有幫助的工作都有其尊嚴和價值，應該努力不倦地把它做好。如果你是清掃工人，那就像米開朗基羅作畫那樣，像貝多芬作曲那樣，或者像莎士比亞寫詩那樣來掃你的地吧！你出色的工作，會使天國的神和浮世眾生停下來讚美：『看這個掃地的人，他的工作做得多麼好，他眞是了不起。』一個人無論從事任何職業，都應該盡心盡責，熱愛你的工作，求得不斷的進步。這不僅是工作的原則，也是人生的原則。

智慧小語

做一行，怨一行。其實有時候不是你的工作不好，是你的心怠惰了，以爲工作中必須擔負的責任是麻煩，忘了對自己的工作應該有的尊重。

18 一個籬笆三個樁，一個好漢三個幫

一個人的力量再大也畢竟有限，必須有得力的助手，才能取得事業的成功。話說劉邦登基後不久，有一次大宴群臣。在席上他問大臣們，爲什麼他會得天下，項羽會失天下？有人說，因爲他能與天下人同其利，打了勝仗總會封賞有功者，而項羽嫉賢妒能，所以將士打仗不肯盡力。劉邦答道：「你們只知其一，不知其二。楚漢相爭的得失，全在用人上。要說運籌帷幄，決勝千里，我不如張良；主持日常政務，保證錢糧供應，我不如蕭何；行軍打仗，我不如韓信。這三個人都是當世的豪傑，我能依靠他們，所以能得天下，而項羽只有一個范增，還不肯聽他的話，所以失敗了。」所以，僅憑自己的才幹要單打獨鬥十分困難，只有善於招攬盟友，尋求幫助，才能獲得可觀的成功。

智慧小語

一百個人的才華用對地方，比起一個人十項全能，做起事更容易成功，更有效率。

19 口服不如心服

《三國演義》中，有一段諸葛亮「七擒七縱」孟獲的故事。諸葛亮在北伐中原之前，爲鞏固後方的安定，曾經五渡瀘水，同西南地區彝族首領孟獲數次交鋒。起初孟獲聯合其他部落共同作戰，但諸葛亮使出計謀，生擒了孟獲。然而他不但沒有殺掉孟獲，反而親自爲他鬆綁，還以好酒好肉款待他，勸他不要與蜀軍爲敵。孟獲口頭上答應了，於是諸葛亮就放他回去。誰知孟獲一回去，馬上又集結人馬來犯，結果又被抓住。就這樣反反覆覆，到了第七次，諸葛亮仍然以禮相待。這時孟獲終於被感化，不但「口服」而且「心服」，承諾再也不與蜀軍爲敵。蜀軍的大後方終於得到了鞏固。

讓別人「口服」容易，但要叫別人對自己眞正「心服」，是一件很困難的事。只有以理服人，以德服人，才會眞正贏得人心，贏得別人的尊重與敬佩。

智慧小語

心口不一是人的通病，言語可以堆砌修飾，卻不及發自內心一抹眞誠的微笑。

20 三句話不離本行

這句話源於一個民間故事。從前有一個小村，村子裡有四個能言善道的人，一個是廚師，一個是裁縫，一個是車把勢，還有一個是使船的。誰家有事，都請他們去幫忙。有一次，本村有老哥倆鬧分家，一時人多嘴雜，爭執不休，於是便請這四個人去幫忙說和。這四個人也覺得事情棘手，便先到廚師家研究一番。廚師說：「我看這事要快刀斬亂麻，別鍋啦、碗啦分不清。」裁縫說：「我們辦事不能太偏，要針過去、線也過去才行。」趕車的也接著說：「這類事我們不是沒管過，前有車，後有轍，別出大格就行啦。」使船的人聽著不耐煩了，接道：「我看咱們別在這裡囉嗦了，不如到那兒再見風轉舵，怎麼順手就怎麼划啦。」廚師的媳婦聽他們說完，噗嗤一聲笑道：「我說你們眞是三句話不離本行，賣什麼就吆喝什麼。」她的話剛說完，又引得全屋子人大笑，原來廚師的媳婦是做小買賣的。此後，這句「三句話不離本行」也就流傳開了。

然而，這句話也隱含著貶義，指一個人與別人談話時知識狹窄，只對自己的本業熟悉。這種人固然有他的不足和短處，不過一個人做事就要「做一行，說一行，愛一行，精一行」。「三句話不離本行」代表一個人的敬業精神與樂業態度。當一個人埋首於自己所熱愛的工作，以致於渾然忘我時，他深深領悟到自身與工作融為一體的樂趣。那時，時空觀念都會隨之改變，別人的批評也微不足道了。

智慧小語

世界那麼大，多去嘗試各種你未曾接觸的事物，你會發現異中之同，同中之異，眼界也會更大了。

21 家財萬貫，不如一技在身

從前，有個老漁翁在河邊釣魚，旁邊有個小孩專心地注視著他。老漁翁技術純熟，所以只花了一上午，就釣到滿簍的魚。漁翁看小孩很可愛，要把整簍魚送給他。小孩搖搖頭。漁翁十分詫異，問小孩爲什麼不要，小孩說：「我只想要你手中的釣竿。」漁翁又問爲什麼。小孩回答說：「一簍魚，我三天就吃完了；要是我有釣竿，自己可以釣，一輩子也吃不完。」漁翁聽了笑道：「光有釣竿也不行，還得學會釣魚的技術，才能釣到魚。」

聰明的人，懂得一根釣竿在手遠勝於一簍魚；更聰明的人，明白釣竿只有在懂得釣魚技術的人手中才能發揮作用。「家財萬貫，不如一技在身」說的就是這個道理。劉墉曾經在他的隨筆《螢窗小語》中寫過這樣一件事，他小時候，家中遭遇火災，一夜之間燒成了平地，父親生前珍藏的書畫、他珍視的各種獎狀全沒了。當時他幼小的心靈眞是覺得前途茫然。但後來他漸漸想通，變得不再那麼怕火，因爲即使大火焚毀他所有的書畫，只要能逃出去，提起筆不是又有新的作品了嗎？先人的財產、原有的積蓄、堅固的保險箱，這一切都不足恃，唯有自己所具備的學問與技術，才是別人奪不走搶不去的。再說，萬貫家財也是先人運用智慧和勞力，胼手胝足攢下來的，後輩們如果只知享受，即使有億萬家財也終會被揮霍一空。

智慧小語

握在手裡的，一鬆手就失去了；放在心底的，即使有人來搶也帶不走。

22 臺上一分鐘，臺下十年功

舊時的戲曲藝人都是從小就開始學戲，無論是寒冬酷暑，還是颳風下雨，每天雞不鳴就起床，一直練到星斗滿天才休息。吊嗓、身段、念白，每樣都需要紮實的操練才能學好，等到有機會登台表演，至少是十年之後的事情了。在舞台上短暫的輝煌，需要的是十數年的勤學苦練。

除了戲曲，其實每一行如果想做出成績，都要付出長期的的努力。有個寓言故事是這麼說的：從前有個國王慕名找到一名畫家，請他爲自己畫一幅孔雀。畫家說，這需要一年的時間。一年後，國王再次登門拜訪，要來取那幅畫。畫家當下便拿出畫紙和畫筆，不一會兒工夫就畫出了一隻毛色豔麗的孔雀。國王很滿意，但價錢卻高得令人吃驚，於是他問：「你三兩下就畫好這隻孔雀，爲什麼要開這麼高的價錢呢？」於是畫家領著國王在屋裡轉了一圈，只見每個房間都堆滿了孔雀的草稿。畫家對國王說：「這個價錢是十分公道的，你看起來毫不費力而簡單的事情，實際上花費了我很多的時間和精力。爲了在你面前畫這隻孔雀，我可是足足做了一年的準備呢。」所以，有些事情場外人看著覺得簡單，但背後學習的過程可是充滿了艱辛。明白了這個道理，我們才能懂得尊重別人的技能。

智慧小語

成功總是被看見，失敗也總是被談論，只有努力常常被視而不見，但最精華的，卻是它了。

23 巧婦難爲無米之炊

——（宋）陸遊《老學庵筆記》卷三

這句話出自《老學庵筆記》的第三卷，講的是這樣一個故事：古代有個尚書要請一位高僧出山，主持一個學院，那名高僧因爲條件過於簡陋而拒絕了。尚書便勸說：「只要有才學，別的東西都容易解決。」高僧卻答道：「巧婦安能做無麵湯餅乎？」意思是說缺少必要的物質條件，再能幹的人也無法完成任務。

米麵是做飯的基礎材料，如果連這些食材都沒有，手藝再巧的媳婦，也變不出一桌飯菜來。同樣地，大部分的事情，如果缺少必要的條件，單純強調方法技巧，也不可能獲得成功。例如寫小說，文字功底固然重要，但是如果沒有生活中的素材積累，只是關起門來閉門造車，即使絞盡腦汁地去虛構情節，恐怕也難有好的構思產生。此外，有些事情看似是創意活動，講求靈感，不需要什麼條件，但其實也離不開素材的積累。比如現代企業非常強調創新，但創新是從何而來呢？恐怕還是得依靠平時細心的觀察，從中發現問題，才能激發出令人激賞的創意變革，而不是只憑借天馬行空的想像力。因此，平時的積累就好比米麵等食材，有了原料，再加上靈巧的技術，才能眞正煮出豐盛的菜餚！

智慧小語

成功除了天時地利的配合，也要有足夠的本錢才行，充實自己就是爲自己存下成功的本錢。

24 畫虎不成反類犬

——（漢）馬援〈誡兄子嚴、敦書〉

這句話源於漢代的一封書信。那時候有個人名叫杜季良，是光武帝的越騎司馬，爲人豪俠仗義，爲青年學子所崇拜。馬援的侄子馬嚴和馬敦也是仰慕者之一，兩人不但喜歡結交俠客，更好議論別人的長短。馬援知道了這個情況，寫了封信勸誡他們，不要效法杜季良不成，反而成爲輕薄之徒。其實，無視自身原本的條件，盲目地模仿他人，反而會凸顯出自己的缺點所在，最後什麼都不像，落入尷尬的境地。

畫虎，重要的是畫出老虎的威猛與霸氣。內在的氣韻，往往比外在的形體更重要，也更難於模仿。因此，當我們想要模仿的時候，不妨先想一想，到底什麼才是我們想要的，是形式上的東西嗎？或者，形式下的精神，才是我們眞正要關注的。

智慧小語

別人的長處和優點不代表自己也能擁有，觀摩學習別人，提昇自己，才是成功的開始。

25 光腳的不怕穿鞋的

光腳的和穿鞋的打架，穿鞋的會有更多的顧忌。穿鞋的相比之下是有錢人，穿著一身綾羅綢緞，打架的時候就得小心翼翼，而光腳的人，用不著在乎身上的粗布破衣，打起架來也就毫無忌諱。這句俗語說明了一個道理，條件越是不好，顧忌就越少，做起事來越能勇往直前；而身外之物太多的人，反倒容易被物質條件束縛，做起事來綁手綁腳。

舉例來說，在商場上，大企業在行動前往往有更多因素要考慮；反之，一個剛創業的小公司，急於尋求任何機會，因此可以更快做出決策，即時行動。此外，古時也有句諺語叫「置之死地而後生」，意指當人處於絕境，再沒有什麼好失去時，就會拚盡全力，不顧一切。回顧中國歷史上許多改朝換代的時刻，也都是在這樣的局面下誕生。因此，穿鞋的要是遇到光腳的，可得小心了。

智慧小語

人若得到了，就怕會失去，於是盡全力去維持，卻忽略了更大的獲得，必然要有所取捨。

26 好鋼用在刀刃上

一把刀好不好，要看它的刀刃鋒利不鋒利，而上好的鋼材韌性十足，可以被打造得很薄，因此刀刃一定要用最好的鋼材來打造，才可以造出一把鋒利的刀。至於刀背，只要厚重結實就可以，一般的鋼材也可以勝任。假如把好材料用在刀背上，那未免浪費，而材料也發揮不出它應有的作用。

以人來說，不同的人也有不同的優缺點，而不同的工作崗位也有不同的需求。因此，人在選擇職位的時候如果能結合自己的特點，都可以成爲本業中優秀的人才，承擔重要的工作。除了選擇職業，我們平時做事情時，也應該將力氣用在關鍵點上。聰明的人往往不必用很大的氣力，也能將事情做好，其原因就是能抓住關鍵點，在對的地方使力。好比將好鋼用在刀刃上，才能事半功倍，達到四兩撥千斤的效果。

智慧小語

要能看得見自己的優缺點，你才能在工作與生活中得到滿足。

27 一日練，一日功，十日不練十日空

讀書和做事重在有始有終，持之以恆。若帶著鬆懈的態度，便無法成功。「三日打魚，二日曬網」、「一日練，一日功，十日不練十日空」，說的都是同樣的道理。一日練習自有一日的功效，十日不練的話自然枉費了十日，毫無收穫可言。因此，人學藝、讀書、做事都應避免怠惰的缺失。所謂的一分耕耘，一分收穫，若沒有辛苦的耕種，哪有秋天的豐收；再者，當你偷懶之際，別人正在勤勉地奮發向上，一消一長之下，自然也就比出高下。想要獲得成功，是絕對不可以偷懶的。

智慧小語

當你不停的休憩時候，別人正在奮發圖強，努力不懈，此刻若還沒有警覺，有可能會猛然發現對方已經超越了你，即將抵達終點，這時候後悔也來不及了。

28 三分毛利吃飽飯，七分毛利餓死人

常言道：「奸商奸商，無奸不商。」事實上確實沒有一個商人是不奸的，只是經商的原則和想法卻各有不同。有的商人吃定顧客，想說商品只有此處販售，於是獅子大開口，開出高價，藉此從中獲取暴利；有的商人卻以薄利多銷的態度經營店家，認為他僅是提供商品販售的服務，只要不賠錢，能賺些小錢溫飽即可，因此採取平價策略。倘若不論商品的需求性，請問你覺得哪個商人比較容易賺大錢呢？經營較為長久呢？俗語說：「三分毛利吃飽飯，七分毛利餓死人」，薄利多銷者自然勝出了。

這句話的意思是，如果販售商品只獲取三分毛利，便可以享受豐收的獲利，反觀若心存貪念，販售商品總企圖賺取七分毛利，其下場常常是商品無人購買，當然也就是餓死人。俗語的道理其實很簡單，畢竟顧客可不是白痴，就算不曉得商品的成本，也知道物價太高的道理，況且，定價太高常常造成門可羅雀的現象，縱使有幾頭呆頭鵝上門購買，整體下來，總收益還是比不上定價合理的商店。

「三分毛利吃飽飯，七分毛利餓死人」，這句俗語或許以商界最為適用，然而其中勸誡人們別太貪心，小心得不償失的道理，卻是每個人都該學習的學問。

智慧小語

人如果太過貪心，容易短視近利，或許剛開始收穫豐富，時間一久，問題便陸續浮出，虧損也將就此產生。

29 百尺竿頭，更進一步

北宋・釋道原《景德傳燈錄・卷十・湖南長沙景岑號招賢大師》中記載著：「師示一偈曰：『百尺竿頭不動人，雖然得入未爲眞。百丈竿頭須進步，十方世界是全身。』」意思是道行的修養到了百丈竿頭不再前進，雖然得道卻不是純眞，因此縱使到達百丈竿子的頂端，也還要繼續深造，如此十方世界就可以存乎自己一身。從源頭上來說，此俗語是佛教比喻修行造詣達到極高境地，依舊不能滿足於既有的成績，必須持續努力。

其實，人在學藝或學習的過程中，若有滿足於現狀的心態出現，此時便是停滯的開始，孰不知人外有人、天外有天，況且學海無涯，怎麼會有終點呢？暫時的休憩無妨，卻不能永遠停滯不前，雖然自認到達了百尺竿頭，依然得更進一步！

智慧小語

百尺僅是一個休息站，百尺之外更有千尺，千尺之外還有萬尺，由此推論之，若滿足現狀恐怕無法見到萬尺以外的世界。

30 將相本無種，男兒當自強

汪洙，字德溫，寧波人，北宋著名學者，自幼聰明好學，九歲能詩，有神童之稱。「將相本無種，男兒當自強」正是出自於汪洙的訓蒙幼學詩。所選的詩句旨說，將軍、宰相擁有崇高尊貴的地位，都不是因爲他們具有優良的血統、遺傳，成就並非天生而成，男兒們應當自我發憤圖強，力爭上游，自然可以功成名就，並對社會國家有所貢獻。

汪洙的訓蒙幼學詩本來是藉詩教育兒童，如詩中的「天子重賢豪，文章教爾曹；萬般皆下品，唯有讀書高。幼小須勤學，文章可立身；滿朝朱子貴，盡是讀書人」，其中的「將相本無種，男兒當自強」更是廣爲人知，連元代戲曲家關漢卿都在〈蝴蝶夢〉中使用。此二詩句勸人奮發向上，告訴那些出身卑微者，只要肯努力自強，總有出人頭地的一天。

智慧小語

英雄不怕出身低，況且，是否身爲英雄重點不在於出身的高低，在於對事物付出了多少的努力。

31 閒時不燒香，急時抱佛腳

宋朝張世南所編撰的《遊宦紀聞》中記載一則傳聞，相傳古雲南的南面有個國家，此國崇尚佛教。本來有人犯罪，若按律令應該處以死刑，然而假設罪犯在追捕之下，能逃奔到寺廟裡，並且抱住菩薩的腳表示悔過，便可以赦免他的罪。「閒時不燒香，急時抱佛腳」一句，據聞便是此國的口頭禪，後來流傳到中原地帶，語意變為比喻某些人平時不作任何努力和準備，事到臨頭，才急忙應付或臨時求援。

關於「抱佛腳」還有個趣聞，宋朝劉攽的《中山詩話》記載，有回王安石和幾位客人閒談，說到佛經，王安石曰：「我老了，正該跟和尚做伴了。」隨口念道「投老欲依僧」。一個客人接著念了：「急來抱佛腳。」王安石回道：「這『投老欲依僧』是句古詩。」客人對曰：「我這『急來抱佛腳』是句諺語。上句『投』，下句『腳』，『老欲依僧，急來抱佛』，豈不是妙對嗎？」眾人聽了都笑，連說：「對得好！」

由上述兩則故事，可發現此俗語流傳之久遠，由此更可證明，古人早明白千萬別平時不準備，事到臨頭才想求援的道理。試想，即便是佛，對平日不來燒香，等到需要幫忙才來求助的人，也很難生出菩薩心腸。畢竟，若能求神拜佛就解決所有事，那麼世上還有人願意平時努力準備嗎？大考前若想求個心安，求神拜佛無妨，只是若平時沒有打好基礎，縱使拚命拜佛，佛也幫助不了你的。

智慧小語

縱使世上眞有佛，他所要管理的事可是很多，因此，別事事都想要佛幫忙，一兩次還可以，久了，佛也會厭倦。

32 寧走十步遠，不走一步險

愛走捷徑，這是人之常情，但如果眼前的捷徑太過危險，也只能夠捨近求遠，以保全身。寧願走十步遠的路，也不要步步危險，表面上俗語說的是行走，實際上，傳達的是為人處世的哲學，勸人謹言慎行，做事要思前顧後，抱著如臨深淵的態度；相反地，若態度隨便，毫無戒心，恐將發生「一失足成千古恨，一步差致千里遠」的憾事。

可以說，俗語要我們時時抱著「謹慎」的態度。可惜的是，多數人雖然寧願多用點時間走正道，也不會冒險走捷徑，卻還是有投機取巧者，喜歡走懸崖峭壁的小路，想要比人快點抵達終點。或許是上天眷顧，他曾經成功了幾次，因此，上了癮，成了愛走捷徑者，只是，夜路走多總會遇到鬼，貪快只會帶來更大的災禍，甚至可能一蹶不起。總而言之，若想貪快，小心陷入窟窿，永遠爬不起來，到時後悔也來不及了！

智慧小語

貪快的結果常常是走得更慢，因此，按部就班，小心謹慎地走，才是正道。

33 有意栽花花不發，無心插柳柳成蔭

人生很多時候都無法隨心所欲，就算對某些事物全心付出，也不見得能夠換來想要的結果，相反的，有時一開始沒有太大的期望，最後卻有意外的收穫，而這也是本文的俗語所指。

一個優秀的園藝家是不會發生栽花不發、插柳成蔭的事，只是人生並非等待他人培養塑造的植物，因此常發生意料之外的事情，從某個角度來說，這也就是人生的樂趣所在。此外俗語一方面傳達著人生無法隨心所欲的事實，同時也勸人多多嘗試本份以外的事物，說不定某天眞的長出柳蔭，供你乘涼快活。專心從事本業是很好的事；然而，多開發其他的興趣也不錯，在這個需要多元創意的年代，說不定哪天你的興趣忽然變成當紅事業呢！

智慧小語

人生別太有得失心，栽花花開了很好，插柳柳成蔭了也好，端看你要怎麼去面對這些有心和無意的結果，若放開胸懷，都能坦然和欣喜地迎接。

34 文章本天成，妙手偶得之

宋代愛國詩人陸游寫過一首〈文章〉詩，詩云：「文章本天成，妙手偶得之，粹然無疵瑕，豈復須人為！君看古彝器，巧拙兩無施。漢最近先秦，固已殊淳漓；胡部何為者，豪竹雜哀絲？后夔不復作，千載誰與期！」詩歌內容談的就是寫作（創作）這件事。開頭兩句，本來敘述好的作品像上天成就般自然，能創作出來都是偶然的機緣所致，後來被用來稱讚優秀的作品。若回到詩歌本身將發現，陸游雖然讚嘆這樣的巧奪天工之作，卻有種復古的感嘆，嘆息那種沒有人為雕琢的無瑕之美已經不常見了！

這樣說來，陸游不贊成文章應有學習之法，只要偶然靈感到來，就能創作優秀的天成之作，平時也就不須努力。若眞這樣想可是大錯特錯，古人對作文的態度並不是不主張「學」，學文是作文的基礎，怎可不要，只是他們大多厭倦學多之後的匠氣，那種矯揉造作的姿態，故崇尚不藉由外力而生的美文，最好的狀態就是能「讀書破萬卷，下筆如有神」；因此，古人的學並非套文章之法，而是「多讀、多寫、多商量」罷了！

在如今視作文和閱讀為畏途的時代，這兩句話顯然是無用武之地，畢竟讀者根本無從驚嘆起。然而若能回到根源來看，文章的閱讀和寫作都要靠經年累月的學習，很少人是天生就能寫好、讀好文章的，因此，只要打好根基，自然能夠領悟「文章本天成，妙手偶得之」的境界。

智慧小語

面對文學創作，唯有不怕失敗，才有機會逐漸踏上創作自然美文的路途。

35 萬事俱備，只欠東風

《三國演義》中記載，曹操在掃滅了中原各路諸侯後，揮師八十萬南下長江赤壁，決心一統天下。東吳的周瑜，力派眾議，點出曹軍人多勢眾，不擅水戰、遠來疲頓、糧草不足等缺點，說服孫權聯合劉備抵抗曹操。當時，周瑜所採取的策略是火攻，以此對抗曹操大批軍隊。問題在於時值冬季，吹的是西北風，曹操的軍隊卻在江北，若用火攻恐怕將燒及己方。在周瑜憂心重重之際，劉備營中有個懂得「奇門遁甲」，可以呼風喚雨的軍師諸葛亮，他請周瑜在南屏山上建造一座七星壇，準備登台祭風。果然，在他的施法下，完成了不可能的任務，西北風改吹東南風。這就是孔明借東風的由來。後來俗語更引伸比喻一切都準備就緒，僅缺最後的關鍵條件。

若從正史上考證，諸葛亮借東風的情節只是虛構。火，是黃蓋向周瑜獻計火攻；風，是天公作美，自然颳起的東南風。只是在神化的思維下，諸葛亮變成了神通者，可指揮自然界。不過從這件虛構的史實，我們可以發現事情是否成功，通常還需要某些關鍵的條件，甚至是臨門一腳，這些條件卻往往不是人爲可以掌控的。對此，人們也只能先做好自己的本分，接下來的就交給上天決定，畢竟東風是否吹起的關鍵不在人啊！

智慧小語

等待東風的時間並不好過，然而，若是平時就懂得計畫萬事，只要東風一吹起，自然可以朝向勝利的方向邁進。

36 撐死膽大的，餓死膽小的

「撐死膽大的，餓死膽小的」，是流傳了很長時間的民間諺語。指的是膽大的人什麼事都敢做，懂得從中撈取好處；膽小的卻一點越軌的事也不敢碰，於是什麼好處都得不到。法紀混亂，壞人膽大妄為，老實人吃虧。好像只要膽子大，就能使膨脹的欲望得到滿足，令人刮目相看，成為時代的寵兒；膽子小，就會丟面子，無法成功，被人看不起，影響自己的前程。殊不知，正是這句話，使很多人鋃鐺入獄。

要正確理解這句民諺，應該從「膽」的涵義切入。「膽」有三層涵義，其一是「膽怯」，其二是「膽大妄為」，其三是「膽識」。一個人如果對合理、合法、該做的事情都心懷「膽怯」，就會無所適從，也無法發揮自己的創造力，錯失機遇，成為世人眼中活該被「餓死」的人；但如果棄法律於不顧，爭名奪利，「膽大妄為」，儘管僥倖成功，但最終會因非法之舉而遭遇橫禍，最終被「撐死」。唯有知法、懂法、守法，具有超人的「膽識」，所做之事既符合社會道德標準，又不與法律相抵觸，才能適切地掌握機運，造就輝煌的事業，成為世人推崇的成功借鏡。

智慧小語

膽子該用的時候不用，只有白白浪費過眼的機運，回首時無限唏噓；而不該用的時候用，不只自尋死路，還在路上奮力衝刺。

國家圖書館出版品預行編目資料

俗語名言的智慧／張詠華・陳福智著.—— 初版. ——
臺中市　：好讀, 2006[民 95]
面：　公分，——（名言集；12）

ISBN 978-986-178-020-7（平裝）

ISBN 986-178-020-3（平裝）

1.俗語—中國

539.6　　95015103

好讀出版

名言集 12

俗語名言的智慧

作　　者／張詠華・陳福智
總 編 輯／鄧茵茵
文字編輯／陳詩恬
美術編輯／賴怡君

台中市 407 西屯區何厝里 19 鄰大有街 13 號
TEL:04-23157795　FAX:04-23144188
http://howdo.morningstar.com.tw
（如對本書編輯或內容有意見，請來電或上網告訴我們）
法律顧問／甘龍強律師
印製／知文企業（股）公司 TEL:04-23581803

總經銷／知己圖書股份有限公司
http://www.morningstar.com.tw
e-mail:service@morningstar.com.tw
郵政劃撥：15060393 知己圖書股份有限公司
台北公司：台北市 106 羅斯福路二段 95 號 4 樓之 3
TEL:02-23672044　FAX:02-23635741
台中公司：台中市 407 工業區 30 路 1 號
TEL:04-23595820　FAX:04-23597123
（如有破損或裝訂錯誤，請寄回知己圖書台中公司更換）

初版／西元 2006 年 9 月 15 日
定價：300 元　特價：199 元

如有破損或裝訂錯誤，請寄回知己圖書更換
Published by How Do Publishing Co., Ltd.
2006 Printed in Taiwan

ISBN 978-986-178-020-7
ISBN 986-178-020-3

讀者回函

只要寄回本回函，就能不定時收到晨星出版集團最新電子報及相關優惠活動訊息

因此有電子信箱的讀者，千萬別吝於寫上你的信箱地址

書名：俗語名言的智慧

姓名：______________ 性別：□男 □女　生日：____年____月____日

教育程度：________________________

職業：□學生 □教師 □一般職員 □企業主管

□家庭主婦 □自由業 □醫護 □軍警 □其他____________________

電子郵件信箱（e-mail）：______________________ 電話：______________

聯絡地址：□□□ ____

你怎麼發現這本書的？

□書店 □網路書店（哪一個？）________________ □朋友推薦 □學校選書

□報章雜誌報導 □其他____

買這本書的原因是：____

□內容題材深得我心 □價格便宜 □封面與內頁設計很優 □其他__________

你對這本書還有其他意見嗎？請通通告訴我們：

____

____

你買過幾本好讀的書？（不包括現在這一本）

□沒買過 □ 1 ～ 5 本 □ 6 ～ 10 本 □ 11 ～ 20 本 □太多了，請叫我好讀忠實讀者

你希望能如何得到更多好讀的出版訊息？

□常寄電子報 □網站常常更新 □常在報章雜誌上看到好讀新書消息

□我有更棒的想法____

你希望好讀未來能出版什麼樣的書？請盡可能詳述：

____

____

我們確實接收到你對好讀的心意了，再次感謝你抽空填寫這份回函

請有空時上網或來信與我們交換意見，好讀出版有限公司編輯部同仁感謝你！

好讀的部落格：http://howdo.morningstar.com.tw/

請填妥後對折黏貼，直接投郵即可，無須貼郵票。

廣告回函
臺灣中區郵政管理局
登記證第3877號
免貼郵票

好讀出版有限公司　編輯部收

407 台中市西屯區何厝里大有街13號

電話：04-23157795-6　傳眞：04-23144188

沿虛線對折

購買好讀出版書籍的方法：

一、先請你上晨星網路書店 http://www.morningstar.com.tw 檢索書目或直接在網上購買

二、以郵政劃撥購書：帳號 15060393 戶名：知己圖書股份有限公司並在通信欄中註明你想買的書名與數量

三、大量訂購者可直接以客服專線洽詢，有專人為您服務：
客服專線：04-23595819 轉 232 傳眞：04-23597123

四、客服信箱：service@morningstar.com.tw